开发性 PPP 概论

北京亚太财科咨询有限责任公司
中国财政科学研究院PPP研究所 研究组 著

中国财经出版传媒集团
中国财政经济出版社

图书在版编目（CIP）数据

开发性 PPP 概论／北京亚太财科咨询有限责任公司，中国财政科学研究院 PPP 研究所研究组著．-- 北京：中国财政经济出版社，2019.11

ISBN 978－7－5095－9395－0

Ⅰ.①开…　Ⅱ.①北…　②中…　Ⅲ.①政府投资－合作－社会资本－中国　Ⅳ.①F832.48　②F124.7

中国版本图书馆 CIP 数据核字（2019）第 243868 号

责任编辑：陆宗祥　高文欣　　　　责任印制：刘春年

封面设计：卜建辰　　　　责任校对：张　凡

中国财政经济出版社 出版

URL：http：//www.cfeph.cn

E－mail：cfeph@cfemg.cn

社址：北京市海淀区阜成路甲 28 号　邮政编码：100142

营销中心电话：010－88191537

北京时捷印刷有限公司印刷　各地新华书店经销

710×1000 毫米　16 开　15.5 印张　195 000 字

2019 年 11 月第 1 版　2019 年 11 月北京第 1 次印刷

定价：40.00 元

ISBN 978－7－5095－9395－0

（图书出现印装问题，本社负责调换）

本社质量投诉电话：010－88190744

打击盗版举报热线：010－88191661　QQ：2242791300

前　言

城镇化是伴随工业化发展，非农产业在城镇集聚、农村人口向城镇集中的自然历史过程，是人类社会发展的客观趋势，是国家现代化的重要标志。自改革开放尤其是进入21世纪以来，我国出现了快速持续的城市化，截至2018年底，我国城镇化率达到59.58%，进入城镇化发展中期阶段。城市化和工业化的交相辉映，奠定了我国经济高速发展和迈入现代化的坚实基础。

过去几十年以来，传统的以地方政府为主导、以土地为主要内容、以规模扩张为发展方式、以物质资本大量投入为驱动要素的城镇化模式已不可持续，带来了人口、产业、空间发展不平衡的诸多问题，如人口不完全城镇化、土地过度城镇化、城市发展失序、资源浪费、空间过度集中、经济结构失衡、环境严重污染、社会矛盾激化等。党的十八大报告提出“新型城镇化”战略思想，即坚持走中国特色新型工业化、信息化、城镇化、农业现代化道路。以人为本、“四化”同步、优化布局、生态文明、传承文化，是中央对新型城镇化科学内涵的高度概括。同时，我国宏观经济进入供给侧结构性改革关键阶段，如何有效提高供给质量、改善供给结构也是当前迫切需要面对的重要问题。

城镇化与经济社会转型发展是相互促进的关系。城镇化通过要素集聚效应形成规模经济和范围经济效应，从而推动经济社会转型和发展。同时，经济社会发展又为城镇化推进提供必要的条件。改革开放以来，我国利用得天独厚的制度背景和政府配置资源的能力，快速推动了城镇化发展，也极大促进了经济社会发展。但总体来看，城镇化的发展速度仍然滞后于工业发展，城镇化质量和投融资机制仍然存在一些问题。

投融资机制是城镇化发展最为重要的一个方面，影响着城镇化发展的质量和城镇化的可持续性。市场经济条件下，城镇化投融资本质上是人口和产业在特定空间集聚性的对资源进行开发，产生的各类要素价值增值带来的城镇化红利能否覆盖城镇化成本。这些城镇化红利主要包括土地增值、税收、消费增加等经济效应，也包括就业、稳定、人民幸福等社会效应。类似的，城镇化成本主要包括各种融资方式形成的资金成本，也包括污染、过度开发等各种社会成本。健康的城镇化投融资机制，应该在城镇化质量和融资成本之间取得平衡，形成良性互动和可持续发展。

一、我们需要什么样的城镇化投融资模式？

（一）多元化和市场化的投融资机制

多元化和市场化的投融资机制，有利于形成竞争性的市场，既提高资金的可得性，也可以促进资金的使用效率。同时，市场化的投融资机制可以大大提高各类要素的配置效率，提高公共服务水平和城镇化质量。

（二）“借”“用”“还”相统一的可持续投融资模式

市场经济条件下，投资和融资是不可分割的，资金的借、用、还应该达到统一。也就是说，谁来用、谁来借和谁来还应该相统一，不统一就会出现问题。只有“借”“用”“还”达到统一，才可以形成良性的激励机制和约束机制。历来，我们出现的预算软约束问题、政府债务风险问题、刚性兑付问题等，归根到底就是没有建立“借”“用”“还”相统一的、可持续性的投融资模式。

（三）与经济社会发展阶段和制度背景相适应的投融资模式

这一点是不言而喻的，也是我国经济持续快速发展的重要经验。当然，经济社会是不断发展的，制度背景也是在持续改革中不断改进的，并且通常创新总是在实践中自发和自觉中进行的。这时候，理论的发展就要及时跟得上实践的创新步伐。例如当前，我们实践中就出现了各类投融资模式创新，我们要再通过理论进行归纳和分析，总结经验和发现问题。

二、对当前我国城镇化投融资机制的简要述评

我国的城镇化投融资经过了传统的财政单一投入模式、“拨改贷”模式、地方政府融资平台模式、PPP 模式等多种模式。不同历史发展阶段和经济社会制度背景下，产生了不同的、适宜的投融资模式。总体来看，随着体制机制的不断改革，理论和实践的不同融合和与时俱进，城镇化投融资机制是朝着市场化、透明化和规范化迈进的。

（一）政府融资平台模式仍然需要进一步转型

20 世纪 90 年代以来，政府主导城镇化推进和基础设施建设，为了突破地方预算的法律约束，并发挥政府集中配置资源的能力，土地财政和政府融资平台开始兴起。在传统城镇化推进过程中，这种以政府为主导、以政府融资平台为载体的组织方式起到重要作用。地方政府以土地为权益资产和抵押物进行资本运作和融资，为城镇化建设快速发展提供大量资金。理论上，如果经济保持高速增长，并且忽略城镇化的质量问题，适度规模的债务融资支持基础设施投资在经济上是可以持续的。但随着我国进入新常态，经济增速开始下滑，人口红利开始逐步消退，基础设施资本回报率开始大幅下降，地方政府债务软预算约束和债务风险问题就开始日益突显出来。与此同时，传统城镇化的一系列质量问题也日益受到重视，如“城市病”、人的城市化、环境问题等。

自《国务院关于加强地方政府融资平台公司管理有关问题的通知》

（国发〔2010〕19 号，后又简称“19 号文”）和《国务院关于加强地方政府性债务管理的意见》（国发〔2014〕43 号，后又简称“43 号文”）发布以来，中央不断进行政策调整并要求融资平台改制转型。但以目前的进展来看，融资平台公司还没有建立“借”“用”“还”相统一的、可持续性的投融资模式。平台公司要成为真正的自主决策、自负盈亏的市场独立法人主体，还要有较长一段路要走。

（二）地方政府债券融资模式

自新《中华人民共和国预算法》颁布以来，地方政府发行债券基本上成为合法举债融资的唯一模式，这种透明的、有效的预算约束机制，是我国财政体制改革的重大进步，对于规范政府与市场间关系、政府间关系具有重大的进步意义。

2018 年，全国发行地方政府债券 41 652 亿元。其中，发行一般债券 22 192 亿元，发行专项债券 19 460 亿元；按用途划分，发行新增债券 21 705 亿元，占当年新增债务限额的 99.6%，发行置换债券和再融资债券 19 947 亿元。截至 2018 年末，全国地方政府债务余额 183 862 亿元，控制在全国人大批准的限额之内。长期来看，地方政府债券是城镇化投融资机制的一个重要发展方向，但目前来看，它的规模还远远不能满足我国城镇化发展的资金需求。同时，建立多元化、市场化的投融资机制仍然是主要基调。

（三）PPP 模式

2014 年以来，我国开始新一轮推广基础设施和公共服务领域的投融资模式——PPP 模式，取得了显著成绩。截至 2019 年第三季度末，全国 PPP 综合信息平台项目管理库累计项目数 9 249 个、投资额 14.1 万亿元；落地项目累计 6 039 个、投资额 9.2 万亿元，落地率 65.3%；开工项目累计 3 559 个、投资额 5.3 万亿元，开工率 58.9%。

PPP 模式是政府和社会资本合作，利用各自的优势资源、发挥各自的优势特点，在组织模式上进行的一种创新。无论是基于一个项目、基于一个片区、基于一个企业，通过资源整合利用和风险分担，政府和社会资本双方在契约框架内建立了一个可靠激励约束机制，最终是要实现对生产要素的创新利用和价值的提升。从过去几年的实践来看，PPP模式对于提供城镇化发展所需的市场化资金、改善我国地方政府治理、提高公共服务管理水平都起到巨大作用。

三、开发性PPP模式创新

从世界范围来看，基础设施和公共服务领域的PPP模式在20世纪90年代开始就已经得到广泛应用。但要注意一点，PPP本质上是一种公共服务的市场化提供方式，各个国家都会根据自己的国情、发展阶段及应用实践，把政府事权范围内除政府核心服务之外的、适合市场化提供的公共服务，以PPP方式来提供，形成具有各自不同特点的PPP模式。从目前来看，PPP实践比较成功的主要是在较为成熟的发达市场国家，PPP合作范围主要以基础设施为主，包括经济基础设施和社会基础设施，例如：交通、水务和垃圾处理、能源、社会和政府基础设施，等等；提供的基础设施也以单体项目或同类项目打包为主。

我国与发达市场国家具有不同的发展阶段和制度背景，如何使PPP更好地适用我国发展需要，还需要在实践过程中不断进行理论提炼和创新，探寻更适合我国城镇化发展需要的投融资模式。与成熟的发达国家相比，我国的发展阶段和制度背景主要特点有：第一，我国仍然是发展中国家，城镇化处于中期阶段，城乡差异不平衡，产业经济结构也处于转型过程。第二，我国实行的是土地国家和集体所有制，土地等资源是地方政府的重要资产，区域资源开发、产业发展和服务是地方政府的重要事权。第三，国有经济在国民经济中占支配地位，地方政府行政配置资源仍然是重要的资源配置方式。

事实上，PPP在我国的推广实践过程中，地方政府已经自发和自觉地将我国的制度背景、地方经济社会发展目标、既有的地方发展背景和特色等要素融入 PPP 模式，展现出了许多创新性要素，并形成了一些创新性 PPP 形态，如产业新城、各类特色小镇、各类产业园区开发、全域旅游等。这些创新形态的 PPP 模式既具有传统 PPP 模式的一般特征，如都以提供公共服务为主要合作内容、政府与社会资本建立长期契约合作关系、利益共享和风险共担、投资回报与绩效挂钩等，同时，这些创新形态的 PPP 模式还显现出了与传统 PPP 模式显著不同的创新性特征，如以区域整体性的空间开发为载体、以产业开发和服务为核心的产城融合发展模式、以要素价值驱动的“自我造血”盈利机制、以区域可持续发展为目标等。这类 PPP 模式契合了我国新型城镇化发展和供给侧结构性改革需要，以区域可持续性发展为目标，把人力开发、产业开发、空间开发相融合，中国财政科学研究院刘尚希院长把这类 PPP 实践称之为“开发性 PPP 模式”。

开发性 PPP 在中国的实践已经显示了与传统 PPP 显著不同的特征，并且具有显著的中国特色。开发性 PPP 模式在理论框架上具有什么特征，其盈利模式和风险治理对传统 PPP 政策框架带来什么作用，对财政可持续性带来什么积极影响，对传统组织方式带来什么创新作用，物有所值定量定性分析，这些问题都需要理论性的深入研究和全面总结。

本书系根据中国财政学会和华夏幸福产业新城（南京）建设发展有限公司共同委托课题研究成果编辑而成。研究组组成为：顾问：刘尚希；组长：彭程；执行组长：鄢晓发；其他成员包括：罗建钢、陈新平、张鹏、龙艳萍、焦永利、杨兴龙、张琦、张燎、李炜、薛起堂、唐锋、刘昕、吴宇伦、李国奇。本书各章节写作分工为：第一章，开发性 PPP 模式创新的研究背景和必要性（张鹏）；第二章，开发性 PPP 模式的全球实践与研究进展（焦永利）；第三章，开发性 PPP 模式的涵义、类别和特征（鄢晓发、李炜）；第四章，开发性 PPP 商业可行性与财政可持续性影响实证分析（鄢晓发）；第五章，开发性 PPP 模式的物有所值与风险治理（鄢晓发）；第六章，开发性 PPP 模式的政府管理与绩效考核（杨兴龙）；第七章，开发性 PPP 模式中的土地资源开发和利用（陈新平）；第八章，优化开发性 PPP 模式创新的建议（李炜、鄢晓发、薛起堂）；课题总撰：彭程、鄢晓发、罗建钢、龙艳萍。

本书在研究和写作过程中，财政部政府和社会资本合作中心焦小平主任对本书的研究思路提出了建设性意见；华夏幸福基业股份有限公司提供了资料搜集、案例调研及其他相关支持；王守清、李开孟、吴亚平、孟春、曹富国、王一鸣、韩凤芹、崔志娟等专家学者先后参与研讨并提供了有益的建议；周成跃、夏颖哲、李文杰、靳海增、周庆华和张书峰、吴中兵、李茂年、王勋等政府和企业领导对本书写作和研究提供了大力支持。在此，我们表示诚挚感谢！

“开发性 PPP”概念由中国财政科学研究院刘尚希院长首次提出，本书主要观点的形成也得益于刘尚希的全程、深入指导。本书试图建立开发性 PPP 模式相关理论的基本框架，对实践中的主要问题进行分析、描述和总结，不可避免会有一些遗漏和缺憾。基于北京亚太财科咨询有限责任公司和中国财政科学研究院 PPP 研究所建立的产、学、研一体化实践平台，本课题组将立足于开发性 PPP 模式框架，继续努力在开发性 PPP 的规范和标准、开发性 PPP 的具体操作方法、开发性 PPP 的评价体系和管理体系等各个方面展开更为深入的研发和探索。

目　　录

第一章 开发性 PPP 模式创新的研究背景和必要性

自改革开放尤其是进入 21 世纪以来，我国出现了快速、持续的城市化，城市化和工业化的交相辉映，奠定了我国经济高速发展和迈入现代化的基础。截至 2018 年底，我国城镇化率达到 59.58%，进入城镇化发展中期阶段。随着经济进入新常态，传统城镇化发展模式已经进入瓶颈期，传统城镇化发展模式和投融资模式与新时期供给侧改革和高质量发展要求的矛盾日益显现。2014 年，我国开始新一轮推广基础设施和公共服务领域的投融资模式——PPP，并已经大力推行了几年，取得良好效果。但囿于我国不同的发展阶段性和制度背景，如何使 PPP 更好地适用我国发展需要，还需要在实践过程中不断进行理论提炼和创新，探寻更适合我国城镇化发展需要的投融资模式。

第一节 新型城镇化发展需要区域综合开发的能力创新

城镇化是伴随工业化发展，非农产业在城镇集聚、农村人口向城镇集中的自然历史过程，是人类社会发展的客观趋势，是国家现代化的重要标志。按照建设中国特色社会主义“五位一体”总体布局，顺应发展规律，因势利导，趋利避害，积极稳妥、扎实有序推进城镇化，对全面建成小康社会、加快社会主义现代化建设进程、实现中华民族伟大复兴的中国梦，具有重大现实意义和深远历史意义。

一、传统城镇化推进模式的主要问题

传统城镇化取得了较大的发展成就，并实现了我国一半以上人口的工作和生活常态化居住在城镇的目标。当然，在传统城镇化快速发展过程中，也存在一些必须高度重视并着力解决的突出矛盾和问题。

（一）大量农业转移人口难以融入城市社会，市民化进程滞后

目前，农民工已成为我国产业工人的主体，受城乡分割的户籍制度影响，被统计为城镇人口的 2.34 亿农民工及其随迁家属，未能在教育、就业、医疗、养老、保障性住房等方面享受城镇居民的基本公共服务，产城融合不紧密，产业集聚与人口集聚不同步，城镇化滞后于工业化。城镇内部出现新的二元矛盾，农村留守儿童、妇女和老人问题日益凸显，给经济社会发展带来诸多风险隐患。

（二）“土地城镇化”快于人口城镇化，建设用地粗放低效

一些城市“摊大饼”式扩张，过分追求宽马路、大广场，新城新区、开发区和工业园区占地过大，建成区人口密度偏低，城市建设用地扩张速度明显高于人口增长速度。自改革开放以来，截至 2013 年，中国设市城市建设用地增长了 6.44 倍，年均增长率达 6.27%；中国城市人均建设面积为 129.57 平方米，大大超出国家标准，也明显高于发达国家人均 84.4 平方米和其他发展中国家人均 83.3 平方米的水平①。一

① 潘家华、魏后凯主编：《中国城市发展报告（2015）》社会科学文献出版社，2015 年 10 月版。

些地方过度依赖土地出让收入和土地抵押融资推进城镇建设，加剧了土地粗放利用，浪费了大量耕地资源，威胁到国家粮食安全和生态安全，也加大了地方政府隐性债务风险等财政金融风险。

（三）城镇空间分布和规模结构不合理，与资源环境承载能力不匹配

东部一些城镇密集地区资源环境约束趋紧，中西部资源环境承载能力较强地区的城镇化潜力有待挖掘；城市群布局不尽合理，城市群内部分工协作不够、集群效率不高；部分特大城市主城区人口压力偏大，与综合承载能力之间的矛盾加剧；中小城市集聚产业和人口不足，潜力没有得到充分发挥；小城镇数量多、规模小、服务功能弱，这些都增加了经济社会成本和生态环境成本。

（四）城市管理服务水平不高，“城市病”问题日益突出

一些城市空间无序开发、人口过度集聚，重经济发展、轻环境保护，重城市建设、轻管理服务，交通拥堵问题严重，公共安全事件频发，城市污水和垃圾处理能力不足，大气、水、土壤等环境污染加剧，城市管理运行效率不高，公共服务供给能力不足，城中村和城乡接合部等外来人口集聚区人居环境较差。

（五）自然历史文化遗产保护不力，城乡建设缺乏特色

一些城市景观结构与所处区域的自然地理特征不协调，部分城市贪大求洋、照搬照抄，脱离实际建设国际大都市，“建设性”破坏不断蔓延，城市的自然和文化个性被破坏。一些农村地区大拆大建，照搬城市小区模式建设新农村，简单用城市元素与风格取代传统民居和田园风光，导致乡土特色和民俗文化流失。

（六）体制机制不健全，阻碍了城镇化健康发展

现行城乡分割的户籍管理、土地管理、社会保障制度，以及财税金融、行政管理等制度，固化了已经形成的城乡利益失衡格局，制约了农业转移人口市民化，阻碍着城乡发展一体化。

（七）政府融资平台模式在城镇化中已形成一定的风险积累

受到融资平台公司的单一功能和代理融资的特点，城镇化建设中的融资平台公司已形成了四个方面的风险：一是违规融资风险，如融资过程中的承诺不规范，或者假借经营性国有企业的名义贷款；二是违规使用融资资金，如用于解决地方财政预算资金支出不足的问题，或者在债务资金垫付的临时性借款迟迟没有归还等；三是高成本融资，如支付给债权银行高额的财务顾问费或者投融资顾问费，或者在可以获得政府支持的情况下，仍然形成了畸高的融资成本的情况；四是财务管理能力薄弱，对债务的管理主要依据展期和滚动，而不是有效分解和转化等。

二、新型城镇化的基本内涵和战略意义

2013 年 12 月，中央城镇化工作会议分析了我国城镇化发展的形势，讨论了《国家新型城镇化规划》，提出了推进新型城镇化的战略部署。新型城镇化的提出，是经济发展进入新常态后推进新型城镇化的新要求、新部署。正确理解新型城镇化的科学内涵，是准确把握新型城镇化的精神实质，自觉贯彻落实中央关于新型城镇化的战略部署，以更积极的态度和作为适应新常态和新发展理念的基本要求。

以人为本、“四化”同步、优化布局、生态文明、传承文化，是中央对新型城镇化科学内涵的高度概括，是中央深刻认识世界和中国城镇

化发展规律、客观分析我国城镇化发展形势、主动适应经济发展新常态的理论创新成果。具体有：

1. 以人为本，是新型城镇化的实质，也是城镇化科学发展的根本保证。要坚持城市建设和城镇化同步推进，不断提高城镇基础设施和公共服务水平，使城乡居民平等参与城镇化进程，共同分享城镇化发展成果，过上更加幸福美好的生活。

2. “四化”同步，就是要推动信息化和工业化深度融合、工业化和城镇化良性互动、城镇化和农业现代化相互协调，促进城镇发展与产业支撑、就业转移和人口集聚相统一，促进城乡要素平等交换和公共资源均衡配置，形成以工促农、以城带乡、工农互惠、城乡一体的新型工农、城乡关系。

3. 优化布局，就是要根据资源环境承载能力构建科学、合理的城镇化宏观布局，科学规划建设城市群，合理控制城镇开发边界，优化城市内部空间结构。

4. 生态文明，就是要把生态文明理念全面融入城镇化的全过程，着力推进绿色发展、循环发展、低碳发展，节约集约利用土地、水、能源等资源，强化环境保护和生态修复，减少对自然的干扰和损害，推动形成绿色低碳的生产生活方式和城市建设运营模式。

5. 文化传承，就是要根据不同地区的自然历史文化禀赋，体现区域差异性，提倡形态多样性，防止千城一面，发展有历史记忆、文化脉络、地域风貌、民族特点的美丽城镇，形成符合实际、各具特色的城镇化发展模式。

总之，推进城镇化必须从我国社会主义初级阶段的基本国情出发，根据国内外城镇化发展的经验教训，结合城镇化自身规律，因势利导，使城镇化成为一个顺势而为、水到渠成的发展过程。而要想实现这一目标，必须提高城镇化管理和城镇建设水平。要加强城镇化宏观管理，制定并实施好国家新型城镇化规划，加强重大政策统筹协调，坚持以人为本、科学发展、改革创新、依法治市，转变城市发展方式，完善城市治理体系，提高城市治理能力，建立多元可持续的资金保障机制，着力解决“城市病”等突出问题，不断提升城市环境质量、人民生活质量、城市竞争力，建设和谐宜居、富有活力、各具特色的现代化城市。

三、形成以区域综合开发为基础的城镇化新机制

推进城镇化转型升级，需要进一步推进基本公共服务城乡均等化，并提升城市与产业发展的相融性，形成以区域综合开发为基础的新型城镇化发展的新机制。从上述要求出发，事实上需要市场向政府提供如下的支持。

（一）推进城镇化转型升级应规划先行

目前，城镇实际上是涉及县城、中心城镇、小城镇和新农村的结构。分散的城镇区位形不成集聚效应，达不到规模经济。新阶段推进城镇化需要政府科学规划、统筹安排，做到规划先行。应科学、合理地规划大中小城市和小城镇的布局和功能，实现城市和城镇规划一体化。除了功能规划，还应重视空间规划和产业规划，突出城镇发展的集中、集约和生态要求，促进产业和各类资源、资本在有限空间里合理利用和价值增值。

（二）新型城镇化要立足于区域综合开发

特色小镇、产业园区、全域旅游和产业新城等模式都是新型城镇化的区域综合开发模式。特色小镇模式的特色性体现主要表现为产业上坚持特色产业、旅游产业两大发展架构；功能上实现“生产” +“生活” +

“生态”，形成产城乡一体化功能聚集区；形态上具备独特的风格、风貌、风尚与风情；机制上是以政府为主导、以企业为主体、社会共同参与的创新模式。产业园区立足于地方优势特色产业，聚力建设以产业化龙头企业带动、创新驱动、现代生产要素聚集，“生产+科技+服务”的现代产业集群，促进产业和城市融合发展，促进居民就业，培育新型创新产业发展的新动能，打造高起点、高标准的现代产业样板区，为地方产业创新和产业结构升级提供有力支撑。产业新城模式是以城乡一体、产城融合、生态宜居为一体的新型城镇化模式。这种模式主要是先形成以工业发展为主导的（如工业园区、经济开发区等）特定地域，在发展的过程中，通过转型升级形成以产业发展为主的集工作、生产、生活、休闲娱乐等的新城。通过“以产兴城、以城带产”，进而实现“产城共融、城乡统筹、共同发展”。

（三）促进产城融合发展的新型城镇化发展机制

产城融合发展是指城市化发展与产业需要的双向融合发展，它是城市综合功能和产业结构相互促进、相互依托的和谐发展状态，最终形成产、城、人的协调发展。

传统城镇化或园区开发大多是土地和产业的结合、土地和人口的结合、低端制造产业和人口的聚集，未能把城市功能优化、产业提升和人力资本价值提升相结合起来，产城脱节、“城市病”较为普遍。而产业新城、特色小镇等开发性PPP模式则以产城整合为基本理念，把打造绿色产业和产业优化升级为目标的产业发展服务作为开发性PPP模式的核心服务内容。

产业和城镇化融合发展是中国新型城镇化发展的一个重要趋势。一方面，新型城镇化发展要求有更加完善的人口就业体系和人力资本积淀，这需要良好的产业发展机制；另一方面，产业发展越来越趋向集聚型和互补型发展，也需要更加完善的城市配套和公共服务功能，以实现产业的转移、集聚和升级。产业和空间两方力量的汇合，形成了以人的发展为核心的产业、人口和空间协调发展趋势。

（四）新型城镇化应包含公共服务供给管理模式创新机制

该模式的创新一方面形成更加符合市场化的管理模式，另一方面推动融资平台提供模式向社会资本供给模式转变。融资平台模式属于政府主动负债、主动供给、自行经营、自主管理和单方面匹配的模式，财政负担重、债务积累高、政府压力大、匹配程度差。而社会资本供给模式则是在政府确定的规划和项目目标的基础上，由具有能力和符合相关要求的社会企业根据社会公众的需求，有效提供相关的公共产品和服务，并以市场化的机制和方法，讲求质量、提高效率、提升效益、创造产出，并更好地满足和匹配社会需求。推进城镇化转型升级，需要改革政府主导型机制，特别是改革地方政府土地财政机制。

（五）新型城镇化建设需要土地利用模式与土地价值增值模式创新

当前土地城镇化超前于人口城镇化积累起来的问题和矛盾，如果不认真解决，就会产生城镇化方向走偏的风险。首先是脱离信息化、工业化驱动的风险。现代城镇化必须依靠信息化、新型工业化驱动。如果依靠征地卖地支撑城镇化，凭借大片廉价土地吸引投资和劳动力，重投入、轻产出，重速度、轻效益，就会陷入脱离信息化、工业化驱动和滋生城市经济泡沫的风险。其次是脱离以城带乡、统筹城乡发展的风险。如果失地农民不能得到应有的补偿，就业和收入不稳定，就会增加落入拉美“城市化陷阱”的风险。当然还包括将土地财政用过了头所累积地方债务风险等。因此，应将土地利用模式转化为土地价值增值模式，该模式立足于土地产出管理，立足于产出收益率分享，立足于产出可持续的财税价值创造，立足于产出质量和效益的持续提升。

第二节　供给侧结构性改革需要良好的产业赋能

近两年来，党中央、国务院实施战略性供给侧结构性改革，我国经济建设在“去产能、去库存、去杠杆、降成本、补短板”等方面取得了重要进展和显著成效。但仍存在定位不清、逻辑不密、体制不顺、措施不到位和效果不够好等矛盾和问题。当前，必须更要直面这些矛盾，突出问题导向，求真务实，找到问题的关键节点和突破口，集中力量形成突破，运用市场形成趋势和规律，政策顺势而为、精准发力，真正实现供给侧结构性改革对中国经济所具有的战略性、系统性的影响与地位。

一、供给侧结构性改革需要全面提升产业基础

党中央对这个问题其实有明确的答案，就是提高供给质量。所谓供给质量就是减少无效供给，提高有效供给。有效供给的概念要看是否有市场需求与之相对应，有需求而且不过剩就是有效，没有需求或是过剩就是无效。

要想形成提高供给质量的坚实基础，关键是要按照新理念、新模式、新链式而形成具有复杂生产能力新供给体系。也即供给侧结构性改革不是单兵突破的“样板戏”，而是“全民健身运动”。按照新的模式和理念，将“健康”因子无处不在地渗入经济“肌体”之中，并形成经济“肌体”各器官、组织之间的新的组织方式和沟通机制。2016 年中央经济工作会议也一针见血地指出，关键在“着力提高整个供给体系的质量”。

提高供给质量的路径很清晰，即“使供给体系适应需求结构的变化和调整”。而要按照这一路径推进就将需要形成新的产业支撑和运行基础。一是弄清楚需求结构的变化规律，特别是居民和家庭消费的“个性化和多样化消费将渐成主流”的规律；二是如何让需求结构的变化为供给体系最快地感知并适应，必须调整现在决策效率缓慢的生产组织方式和市场运行方式，加强“分布式”思维在生产组织中的落地，加强智能化、大数据在市场运行中的应用；三是如何使供给体系能够高效、快速地适应变化和调整，必须在产业链、专业化、智能制造、个性化订制等领域取得全面突破，并实现政策再组织和市场自组织的有效协同；四是供给要能够在感知需求的同时，把握规律，主动创新和引导需求，也即供给能够产生和带来需求，但应在基本态势形成后，迅速转为构建需求生态，从而使需求转入长期、持续、扩张和稳定的态势之中，匹配产业所需要的需求环境和规模支撑。

二、高水平的产业发展治理是供给侧结构性改革的支撑

供给侧结构性改革在政府端的核心是形成现代化、高水平的产业发展治理体系，并与基本的改革策略和布局体系相融合，从而形成“三去一降一补”彼此之间的逻辑关系。从“三去一降一补”彼此间的政策重点和针对问题的关键矛盾来看，现代化、高水平产业治理体系的措施体系在总体上存在层次性和结构性。

（一）“去产能”治理的关键是优化行动和率先收获

因为供给侧改革强调生产模式和企业组织的变革，必然导致部分生产设备过剩，部分产能闲置。抓住有效时机进行产能处置，一方面可以有效盘活生产性固定资产的价值，使转型企业面临的压力有所降低；另

一方面可以使资源与要素从固化在原有的经济结构和生产体系中释放出来，从而配置到效益更好、效果更加突出的领域中去。因此，“去产能”的主要职能是优化经济资源和要素的配置水平与市场环境。

（二）“去库存”治理的关键是与“去产能”衔接

包括两个主要方面：一方面对生产性库存要进行合理而有序的去化，以降低企业的存货风险和库存成本，并可以推动企业主动采用新的生产技术和生产设备，也即“去库存”的第一层含义是为了增强企业转型的主动性；另一方面对资产性库存要进行合理的利用和去化，房地产的库存高企，价格高企，泡沫累积的程度较高，通过对资产性库存的合理利用，既支持实体经济企业的发展，又有效地降低宏观经济风险和资产市场风险，降低风险成为“去库存”另一层含义。

（三）“降成本”治理的关键是要形成政府政策与企业需求的直接衔接

在释放闲置资源和要素，有效控制风险并增强转型的主动性的条件下，要通过“降成本”做好三件事：一是稳，稳住现行经济主体的经营状况和生产安排，获得一个相对良好的改革环境；二是转，通过具有结构导向性安排的降成本措施，支持并引导企业的转型，低成本的环境和高收益的引导，往往很快可以形成市场的正向协同；三是增，通过降成本来增加新产业、新产品、新业态、新商业模式的收益水平，并形成趋势性和递增性的预期，这样有助于资本和资源向供给侧改革的关键环节进行集中，从而自动破除转型和发展“瓶颈”。

（四）“去杠杆”治理的关键是将资产价格回归到收益率定价的轨道中来

“去杠杆”的直接含义是防范现金流和资产价格风险，而之所以出现风险的原因是资产价格与资产收益之间的比率失衡，从而导致资产收益低于形成资产所须偿还的债务成本，一旦现金流断裂，就将启动资产处置程序，较高的资产价格风险就势爆发。因此“去杠杆”的本质要求是将资产价格回归到与收益率相匹配和平衡的水平上去，收益率高，资产价格高，融资能力强，资源和要素集聚水平高，而不是依靠资产溢价来螺旋上升的资产泡沫。

（五）“补短板”治理的关键是对供给侧改革的新环境破除“瓶颈”，优化环境，保障产权，培养动能

我国当前存在的短板既有资源、要素、资本等配置失衡的硬短板，也有制度、机制、措施和产权等设计落后或是保障不足的软短板，在供给侧改革取得初步成果后，通过“补短板”迅速推动供给侧改革的新模式、新业态、新技术发展壮大，形成新的经济增长动能。也即“补短板”不是补当前的短板，而是补转型的短板，以及转型之后新发展环境的短板。目前，应着力于基础性和共性短板的推进与完善。

三、借助市场力量提升产业赋能和治理能力

根据中央经济工作会议对供给侧结构性改革的背景和意义的表述，即“我国经济运行面临的突出矛盾和问题，虽然有周期性、总量性因素，但根源是重大结构性失衡，导致经济循环不畅，必须从供给侧、结构性改革上想办法，努力实现供求关系新的动态均衡。”供给侧结构性改革要解决的核心问题是“经济循环不畅”，而要构建的核心机制是“供求关系新的动态均衡”。借助市场力量提升产业赋能和治理能力，必须先解决好这两个“核心”。

(一) 解决经济循环不畅的问题

经济循环主要包括三个方面：一是经济资源和要素配置中，是否实现了高效、有序，是否将闲置资源激活，并进行有效配置；二是商业和服务流通交易中，是否实现了市场出清；三是生产组织体系中，是否实现了对产品的质量和效益提升。而解决的思路和角度，则要从结构性视角出发，从供给侧着手，实现有效的突破。例如，对于经济资源和要素的配置，要着力解决好要素市场体系的完善、优化问题，破除不合理的资格、资质或户籍对要素市场的人为分割；对于经济资源则应从源头上加大改革力度，既解决好“僵尸企业”所固化的资源问题，又加大价格改革力度，完善资源市场及价格机制。再如，对商品和服务流通交易中，要根据需求的变化而相应地调整产品设计概念、产品流通体系和市场配置能力，重视产品的差异性，形成市场对差异化产品的高效配置和个别定价，优化产品流通体系，创造性地运用业态、模式、渠道、共享、互联网 + 、大数据等新概念，提升市场体系的效率和智能化水平。另外，对于生产组织体系的突破主要来自对“中心—外围”生产组织模式的超越，来自对规模经济主导的标准化生产体系的超越，来自对不断简单性的细化分工、垄断性的延长产业链产业组织形态的超越，在供给层面引进分布式、智能化、弹性化等新概念和新方式。

(二) 形成供求关系新的动态均衡

均衡是指在资源要素充分利用条件下的供给与需求的平衡，这本身就是一个较高的要求，即要素市场充分利用，商品服务市场高度出清（类似于 IS - LM 曲线的交点）。而供给侧结构性改革在均衡的前面加了一个关键性的要求——动态，也即均衡要即时、高频、低损失的持续保持，难度再度提高，必须对经济体系进行全方位的改革，对生产组织进行深度而全面的调整才可能实现。这一方面对生产组织方式提出了要求，供给决策链条不能太长，市场具有自组织的良好响应，企业间的信息充分而对称。另一方面对产品设计、生产和销售体系提出了要求：产品设计要具有开放性，便于形成 DIY、订制化和模块化等生态；产品生产要具有协同性，在高效、充分的市场信息环境中，产品生产进一步压缩内部化，而更多地转向外部高效配置；产品销售要具有差异化定价、再制造生态和主动性搓合的能力，并要求在知识产权保护、现代产权体系完善、新一代信息系统、国家大数据体系等方面取得重要突破和形成关键结果。

（三）在两个“核心”建设和突破取得初步成果的条件下，形成我国借助市场力量提升产业赋能和治理能力的行动重点

“去产能”方面，要继续推动钢铁、煤炭行业化解过剩产能。要抓住处置“僵尸企业”这个“牛鼻子”，创造条件推动企业兼并重组，妥善处置企业债务，做好人员安置工作。

“去库存”方面，要坚持分类调控，因事因地施策，把“去库存”和促进人口城镇化结合起来，提高三、四线城市和特大城市间基础设施的互联互通，提高三、四线城市教育、医疗等公共服务水平。

“去杠杆”方面，要在控制总杠杆率的前提下，把降低企业杠杆率作为重中之重。要支持企业市场化、法治化债转股，加大股权融资力度，加强企业自身债务杠杆约束等。

“降成本”方面，要在减税、降费、降低要素成本上加大工作力度。要降低各类交易成本特别是制度性交易成本，降低企业用能成本，降低物流成本，推动企业向内降本增效。

“补短板”方面，既补硬短板也补软短板，既补发展短板也补制度短板。要更有力、更扎实推进脱贫攻坚各项工作。

第三节　政府提供更高水平的公共服务需要参与式投融资

长期以来，我国的政府基础设施建设、城市开发和公共服务提供在投融资上主要是依赖政府融资平台的运营。2010年6月，国务院下发《关于加强地方政府融资平台公司管理有关问题的通知》（国发〔2010〕19号），将地方政府平台定义为：由地方政府及其部门和机构等通过财政拨款或注入土地、股权等资产设立，承担政府投资项目融资功能，并拥有独立法人资格的经济实体。随后，在2010年7月，国家发展改革委、中国人民银行和中国银监会联合发布《关于贯彻国务院关于加强地方政府融资平台公司管理有关问题的通知相关事项的通知》（财预〔2010〕412号文），将政府融资平台定义为：由地方政府及其部门和机构、所属事业单位等通过财政拨款或注入土地、股权等资产设立，具有政府公益性项目投融资功能，并拥有独立企业法人资格的经济实体。

当前，我国的基础设施建设、大规模城市开发和公共服务的提供进入新阶段，城市建设规模日益扩大、公共工程建设和公共服务提供任务繁重。目前各地的融资平台公司都具有政府部门和国有企业双重角色。但此类公司大都不具备真正意义上的市场经营主体地位，缺少自营收入和盈利来源，导致债务高企，背负着项目融资、工程建设和欠债还贷的三重压力。受《国务院关于加强地方性债务管理的意见》（国发〔2014〕43号）等政策的影响，融资平台公司按原有路径发展已非常困难，项目融资和企业运营发展受到很大影响。

一、风险压力导致地方政府融资平台进入“瓶颈期”

根据我国当前政府融资平台投融资的基本情况，总体上形成了以下七个方面的压力和风险，并导致融资平台的融资能力下降，导致基础设施和公共服务的总体保障能力不足。

（一）资本运作不规范

一直以来，投融资平台都是地方政府的“长子”。因政府以提供政府信用为其各类融资业务背书，投融资平台的偿债能力和信用突出，其融资业务在资本市场一向深受追捧。在这个过程中，投融资平台过度融资的冲动也得到充分释放。为完成融资业务，地方政府、平台以及金融机构三方默契一致，因而重复抵押、平台互保、违规放款等种种不规范的情况屡屡发生。同时，通过平台融来的资金并不纳入财政预算，支出不受约束，容易导致融资被挪用的事情，一旦发生重大投资风险，将会引起连锁反应，直接危及地方金融生态稳定。

（二）治理结构不完善

长期以来，地方投融资平台都是政企不分的典型代表。主要表现在：首先，班子成员一般纳入当地政府组织体系管理，由政府直接任命，部分地区甚至由当地财政、建设部门负责人兼任。虽然名义上是董事长、总经理，但普遍按当地政府干部管理。其次，公司名义上是自负盈亏的法人实体，但在实质运作中，基本上按照政府指令办事，坚持政治效益和社会效益为先，经济效益的多寡大都不在考核范围内。例如，西城集团接收济南市委组织部和主管部门投融资管理办公室的双重考核，但考核指标主要集中在是否按时、按要求完成了政府交办任务。最后，受制于各自身份和运作模式，公司内部的董事会、监事会等治理体系无法实际发挥作用，大都成了摆设。

（三）资产整合有风险

在城市开发建设工程中，平台公司虽然账面上积累了一定资产，但运作起来，仍然面临很多问题。首先，资产普遍手续不完善。很多项目都是按政府指令抢工建设，没有手续，决策程序不规范，导致项目建成后无法确权，也无法形成有效资产。其次，资产无法发挥应有效益。一些公益性项目，例如文化设施、体育设施等可能主要为了举办某种活动或赛事建设。平台承担建设任务，但后期大都移交地方相应职能部门管理运营。虽然账面上，资产所有权在平台公司手里，但却无法实现现金流。最后，平台的资产很多都是由当地政府划转，由于涉及利益部门多，在资产划转的同时也带来了相关的人员、债务包袱，导致资产整合存在一定风险。

（四）人才储备有欠缺

政府投融资平台工作普遍涉及面广，大都涵盖规划、拆迁、工程建设、经营管理、政策法规、人力资源管理等许多方面，满足现有投融资业务和开发建设需要已经捉襟见肘，现在要适应新的转型要求，人才储备不足的问题更加凸显。平台的工作人员大都由当地城建、财税等部门抽调组成，多年的政府工作经历和习惯，使他们往往满足于完成领导交办的任务，而从政府管理主体转向市场经营主体，大都较为陌生，并且此类人员许多占据公司执行层的关键岗位，在一定程度上会影响平台公司的决策执行。平台招聘市场化专业人才，还面临薪资待遇、岗位匹配等诸多问题。

（五）经营管理较粗放

总体上讲，由于投融资平台的政府属性，始终把政治效益放在首位，在经营管理、项目运作过程中首先关注的是实现政府要求，而不是满足市场需要，这往往导致经营运作的效率和效益较低。具体表现在：新的项目事先没有认真进行策划研究和投入产出平衡测算，造成投入大、产出少，甚至没有产出；一些项目由于时间紧、任务重，在建设初期没有考虑项目的整体功能定位和后期招商运营，导致不必要的投资，有的还需要二次投入；一些项目随意变更设计内容，增加施工量，存在超概算、超预算、超造价的情况，工程开发建设成本偏高；所属子公司对集团公司或母公司过度依赖，市场竞争意识不强，经营考核不完善，存在吃“大锅饭”的情况，等等。

（六）地方政府管控严

地方政府融资平台大都由地方财政、国资部门直接出资组建，属于100%国有独资。所以，地方政府从人员委派到业务开展都有很强的控制力。过度的政府管控，导致平台市场化转型的脚步相当沉重，主要表现在需要请示的事项多，能自主决策的事项少，并且审批程序完全是政府流程，容易贻误市场时机；政府对平台的管理层纳入人事管理体系，虽然便于协调工作，但也容易造成高管人员缺失市场意识，官本位色彩浓厚，经营决策偏于考虑政治和社会效应，对经济效益关注不够。

（七）政企协调有难度

《国务院关于加强地方政府性债务管理的意见》（国发〔2014〕43号）出台之前，由于地方政府的大力支持，地方投融资平台的融资绝大部分都可纳入当地政府性债务范围之内，所以不存在刚性还款压力，因此投融资平台在承担公益性项目建设、支持民生保障等没有收益的任务时，平台能够顾全大局，勇挑重担。但在新的经济形势和投融资环境下，平台新增债务一律不再纳入政府债务之列，由平台自行偿还。因此平台需要关注资金的使用效益，首先要确保投入产出的平衡。在这种背景下，平台对一些没有明确资金来源、项目收益前景不明的项目，受制于自身债务压力，大都会向政府申请支持措施，与政府相关单位的协调难度可能就会增大。例如，很多投融资平台的核心资产大都是土地资产，要想实现土地的顺利“招拍挂”，地方政府部门的拆迁支持必不可少。但新形势下，平台的融资规模不断收缩、支出越来越严谨，在一定程度上可能会影响协调效果。

二、政策限制推动融资平台公司进入“转型期”

从政策的情况来看，《国务院关于加强地方政府性债务管理的意见》（国发〔2014〕43 号，后又简称“43 号文”）、《关于进一步规范地方政府举债融资行为的通知》（财预〔2017〕50 号，后又简称“50 号文”）和《财政部关于坚决制止地方以政府购买服务名义违法违规融资的通知》（财预〔2017〕87 号，后又简称“87 号文”）均旨在将异化的地方政府融资行为纳入深化财税体制改革的框架下，通过建立与现代国家相适应的现代财政制度来严格规范管理地方政府举债行为，服务于经济改革和国家治理改革。这就要求进一步完善作为现代财政制度核心的预算制度，并以此重构地方政府债务制度，防范地方政府债务风险。

（一）“43 号文”的出台标志着投融资平台黄金期的结束

一方面，43 号文明确提出了建立“借、用、还”相统一的地方政府债务管理机制，剥离了地方政府投融资平台的政府融资职能。另一方面，由于地方政府投融资平台多以土地资产运作为核心，国土资源部发文对地方土地储备机构进行清理，规定一个县（区）只能有一个土地储备机构，并且要求土地储备资金专款专用。

43 号文和修订后的《中华人民共和国预算法》较强的约束着地方政府的举债行为。但是，在追求地方经济增长的背景下，个别地方政府违法违规举债担保时有发生，局部风险不容忽视。为了牢牢守住不发生区域性系统性风险的底线，进一步规范地方政府举债融资行为，自 2014 年以来，中央政府先后发布一系列旨在规范地方政府举债行为的规章制度。这一系列规章制度的内在逻辑则是不断封堵各种形式的“异化”地方政府债务融资行为，建立规范的地方政府融资行为，乃至现代财政制度，使其不断与现代国家治理结构相适应。

（二）50 号文旨在封堵通过各类基金违规扩大融资规模

2017 年 5 月，财政部、国家发展改革委、司法部、中国人民银行、中国银监会、中国证监会等联合发布《关于进一步规范地方政府举债融资行为的通知》（财预〔2017〕50 号），明确提出全面组织开展地方政府融资担保清理整改工作，并明令要求不得以借贷基金出资设立各类投资基金，严禁利用 PPP 或各类投资基金等变相举债。

“50 号文”的影响是深远的，主要表现在四个方面：一是基础设施类融资平台通过土地注入资产模式终结，估值压力上升；二是地方政府不得违规担保，但允许构建市场化运作的融资担保体系；三是实行信息公开，省、市、县级政府都要完善地方政府债务信息公开制度；四是进一步规范 PPP 项目。

（三）“87 号文”旨在封堵通过违规购买服务扩大融资规模

针对政府购买服务快速增长及其异化现象，2017 年 6 月，财政部发布《关于坚决制止地方一政府购买服务名义违法违规融资的通知》（财预〔2017〕87 号），实行负面清单制度，封堵地方政府将原有的 BT 模式、基础建设委托代建工程或者土地储备前期开发等通过政府购买服务变相融资行为。

“87 号文”主要对地方政府的融资方式产生三方面的重大影响：一是银行贷款（含过桥资金）；二是影子银行资金，主要是商业银行表外理财资金、信托资金、证券公司资管产品和保险公司基础设施债权计划等；三是政府性基金支出。

总体上，“87 号文”将连同原有的“43 号文”、“50 号文”和新《中华人民共和国预算法》等构成严格规范管理地方政府举债行为的整体框架。财权、事权错配和地方政府权力放任是造成当前地方政府债务问题高企的根本原因。地方政府债务问题应当站在现代国家治理角度，要思考和解决如何合理将中央政府和地方政府的财权、事权和财力有效组合，如何降低组合不确定性产生的风险，建立现代财政制度。

三、参与式投融资成为地方政府在负债之外的重要途径

当前，以地方政府资产负债表为融资基础的地方政府债务和以运营角色参与地方政府投融资的社会资本成为破解地方政府融资难题，推动政府提供公共服务的重要支撑。2018 年，地方政府债务置换工作基本完成，融资平台公司为政府融资形成的历史性债务基本上得以化解，并开始对 2016 年以来的新形成的地方政府隐性债务进行统计摸底。这样，一方面可以进一步防范债务风险，另一方面对推动参与式投融资模式和

主体的形成也具有促进作用。

（一）创新地方政府债券，推动发行种类多样化

除土地储备和收费公路专项债券外，多品种地方政府专项债券发行将常态化，不排除还有棚（旧）改或基础设施建设等专项债券。但是，地方政府债券发行阻力较大，需要吸引新的投资主体。2018 年，全国发行地方政府债券 41 652 亿元，其中，发行一般债券 22 192 亿元，发行专项债券 19 460 亿元。按用途划分，发行新增债券 21 705 亿元，占当年新增债务限额的 99.6%，发行置换债券和再融资债券 19 947 亿元。在没有进行地方政府债券发行和持有改革前，2018 年上半年仅完成置换债券总额 1.08 万亿元，加上新增债务 0.33 万亿元，合计 1.41 万亿元，仅占前 9 个月发行总量的 37%。这与商业银行正在缩减资产负债表直接相关，并叠加银监会对委外业务的清理整顿，而对于非银行金融机构，当前地方政府债券的收益率和流动性均难以满足需求。2018 年下半年通过行政命令将地方政府一般债券的风险水平下调到零，且允许作为质押回购资产进入银行间市场；还将地方政府专项债券与项目收益和融资直接对应，并纳入社会融资总额进行的统计和管理，尽管如此，但地方政府债券的应有的市场定价机制和风险贴水水平仍未有效形成，地方政府债券的发行体系仍未完全建立，随着地方政府资产负债表进一步明确，地方政府债券的发行仍将面临一系列重要的难题。

（二）PPP 模式成为参与式投融资的重要实践

43 号文提出“推广使用政府与社会资本合作模式”为地方投融资转型和 PPP 的发展打下了基础。2014 年底，财政部成立 PPP 中心，着手 PPP 工作的政策研究、咨询培训、信息统计和国际交流等，并公布首批示范项目，共计 30 个，总投资规模约 1 800 亿元。2015 年末，

“PPP 热”在各地方传播开来，几个代表性的省（市）针对 PPP 的集中推介、招标和签约先后召开签约会议，签约规模迅速扩张。部分地方政府开始专门成立了地方 PPP 引导基金，用“真金”鼓励和刺激 PPP 的发展。随着好的项目日益增多，不少项目产生了一定的示范效应，进一步推进了 PPP 的签约速度，形成良性循环。

2015 年，国务院办公厅转发了财政部、国家发展改革委、中国人民银行《关于在公共服务领域推广政府和社会资本合作模式指导意见的通知》（国办发〔2015〕42 号，后又简称“42 号文”）。指导意见进一步阐释了推广 PPP 的重大意义，并详细说明 PPP 实施过程中的总体要求、制度体系、实施路径、政策保障、组织实施。这份指导意见放开了融资平台参与地方政府 PPP 项目的限制，规定已经建立现代企业制度、实现市场化运营的融资平台公司可作为社会资本参与当地政府和社会资本合作项目，通过与政府签订合同方式，明确责权利关系。预计平台转型将持续围绕着市场化或 PPP 模式运作的方向，但需考虑很多城投公司对政府资源过分依赖并不擅长市场化经营的弊端，因此实现商业化转型的难度仍将存在。

PPP 是一项长期性、系统性改革，也是财税制度供给侧改革的重要内容。在全面封堵不规范地方政府举债行为背景下，PPP 模式预期将越来越成为占主导地位的融资方式之一，主要表现在五个方面：一是财政部 PPP 落地率平稳，示范项目稳步推进；二是 PPP 模式的应用和实施范围不断拓展，更多的市政项目、基础设施项目和公共服务项目被纳入其中；三是通过资金、机制和立法等多维度推动 PPP 落地率稳步提升；四是 PPP 的项目债务资产证券化稳步、规范实施；五是 PPP 立法加速推进。

（三）共建共赢将成为政府和社会资本合作的新模式

受到传统 PPP 模式中过度依赖政府担保、政府回购和政府补贴等安排，以及建设、运营和管理相分离的组织模式的压力，并考虑到市场化、规范化的发展程度不足，政企双方缺乏契约精神等问题的影响，PPP 模式亟待创新。从国际经验和国内实践来看，从政府主导到与政府形成平等的民事契约关系，从简单的投融资到现代市场治理模式的形成，从政府补贴到收益增量分享将成为新的更为有效的投融资模式。

参与式投融资即是将企业融资、项目融资、政府收益等三个环节进行有效整合，并形成每一个环节的合理回报，进而形成财务平衡、规范可持续的创新性 PPP 模式。参与式投融资的三个环节分别为：

第一，参与项目融资，并以企业资产负债表形成参与项目的社会资本。也即相关的社会资本方以自己的资产负债表为抵押开展融资，或者形成与其他社会融资渠道的股权合作、战略合作方式筹集资金，从而在企业层面形成足够的资金，并对政府的融资需求形成支持，共同保障项目的顺利进行。

第二，作为参与主体，以项目运营开展项目融资。相关企业作为项目的直接参与主体，并在项目管理中负责建设、运营和资产处置等事项。该企业可以通过对项目的高效运营，使得项目的效率提高、成本降低、收益提升，形成有效的项目收益回报水平和结构，从而保障项目的资金需求，优化项目资金结构。

第三，作为共建主体，贡献增量财政收入并作为收益获取来源。从目前的 PPP 项目来看，从政府补贴和政府担保所形成的“名股实债”转向增量收入纳入预算统筹支付是件一举两得的事情：一是避免地方政府形成隐性债务和过大的财政负担，保障政府财政的稳定和可持续性；二是政府以增量财政收入的一定比例为支付上限，既不会形成政府的收入风险，又可以有效调动社会资本方强化运营、提升管理的主动性，形成了政府与主要社会资本方的激励相容。

第四节　从传统 PPP 模式到开发性 PPP 模式的转型

PPP 是英文 Public - Private Partnership 的缩写，被译为“公私合作伙伴关系”，它的含义是政府与私人组织之间，为了合作建设项目，以特许权协议为基础形成一种伙伴式的合作关系。关于 PPP 的定义，学界尚未形成统一的表述。由于各国各地区的具体实践不同，国际各机构对 PPP 定义也有所不同。

穆迪公司认为，PPP 是指政府公共部门与私人开发者之间基于合同的伙伴关系，目的是设计、建造一项基础设施并提供融资，私人部门在一定时期内负责设施的运营、维护，合同到期后，资产移交给政府来运营、维护。世界银行、亚洲开发银行和英国财政部对 PPP 的定义相对广义和宽泛，着重强调 PPP 是一种公私合作。欧盟委员会和加拿大 PPP 委员会则着重说明了在 PPP 的合作中，理应利用公私双方的专长来为公共服务提供更高质量的服务。

根据 PPP 模式的运行特点，本书归纳总结出 PPP 的四个要点，即公私合作、提供公共产品或服务、利益共享、风险共担，大致可以得出以下定义：PPP 是指政府和私人部门之间就公共产品的提供而建立的风险共担的长期伙伴关系。私人部门发挥资金、技术、管理优势，按照政府设定的标准建造公共设施、提供公共服务，并通过从政府部门收费或从使用者收费来获取较为稳定的收入；政府部门则负责确定公共服务要求，并进行必要的协助和监管，最终实现以更低成本提供更高质量的公共服务目标。

一、传统 PPP 发展中存在的制约因素

PPP 在我国的发展经历了一个较漫长的过程，从最开始为吸引外资而被引入到后来的缺乏完善顶层设计而面临发展困境，再到目前经济新常态下通过建章立制逐步适应我国国情，PPP 完成了各个阶段的形态转变。然而，目前中国还存在法律体系和法规不成熟、政府“重融资、轻管理”、政企缺乏契约精神、社会资本参与度不高、缺少专业第三方机构等问题，仍制约着 PPP 的持续健康发展。

（一）PPP 发展中缺乏成熟的法律体系和完善的法规

1. 从公共部门的角度来看，目前我国 PPP 模式的运作缺乏国家法律法规层面的支持。

根据国外 PPP 模式实践经验，PPP 的有效运行需要一个良好的法制环境。首先《基础设施和公用事业特许经营管理办法》《中华人民共和国政府采购法》《中华人民共和国招标投标法》是目前我国 PPP 项目管理中所参照的法律法规，但这些法律法规并不全面涉及 PPP 项目建设中可能发生的各种问题。例如，在 PPP 项目采购阶段，由于司法体制的不健全，政府采购、招投标过程中的合谋串标、贪污腐败等现象时有发生。其次，部分 PPP 模式与现行法律法规存在脱节。例如，使用者付费机制的 PPP 项目，其资金来源并非财政性资金，适用《中华人民共和国政府采购法》规定的竞争性谈判等非招标方式依据不足。

2. 从社会资本的方面看，社会资本进入城市基础设施投资在我国面临法律保障不完善的问题，致使 PPP 项目吸引力和可行性不足。

投资商在投资 PPP 项目中面临法律风险，从而对 PPP 项目投资热情或有下降。比如，现行的招投标法禁止对标书上的条款条件等做出实

质修改和评标完成后的谈判协商。PPP 合同的长期性及不完全性决定了 PPP 执行过程中会出现较频繁的“再谈判”可能。尽管在合同设计时应尽可能考虑周到，减少再谈判的可能，但是应该将再谈判视作常态进而给出明确的规则和制度。我国目前没有建立就 PPP 合同条款“再谈判”的具体规则。虽然 PPP 项目在一定程度上杜绝了某些机会主义行为，但由于在签约时就可能存在不公平性，缺乏“再谈判”规则容易导致项目因缺乏可操作性而难以推进。

（二）政府主导话语权，同时过度重视 PPP 融资功能

PPP 的核心在于公共部门与社会资源的公平合作，但我国政府部门在话语权方面一直处于主导和权威地位，关注自身的财政压力与投资方向而忽视需承担的责任，导致在某些领域的责任缺失，造成政府角色的缺位和错位，侵蚀公共利益，对 PPP 项目的实施和推广影响较大。PPP 的首要功能即以特许经营等方式开展市场化融资，加大重点领域有效投资，引进私人方的技术和管理来提高公共产品和服务的供给效率，但政府盲目利用 PPP 的项目融资功能满足自身“稳增长”的需求，导致 PPP 发展“瓶颈”的形成。

政府“重融资、轻管理”会导致项目选择上的懒惰与盲目。很多地方政府没有严格地做好项目的前期工作，主要表现在：项目识别阶段，PPP 项目的筛选存在盲目性，最核心的“物有所值评价”环节没有受到足够重视；项目准备阶段，实施方案制订不清晰，盲目要求政府补贴，对补贴额度的要求缺乏科学、客观的测算，同时对运营年限没有经过系统测算，很多都拉长为二三十年。其中，物有所值评价环节是用来判断是否采用 PPP 模式代替政府传统投资运营方式提供公共服务项目。我国目前对物有所值的定量评价还在探索阶段，无法科学比较 PPP 模式下的支出成本现值（PPP 值）与公共部门比较基准（PSC 值），不

能保证 PPP 在效率提升方面有突出的优势。财政部 2015 年 12 月出台的《PPP 物有所值评价指引（试行）》中提出由于缺乏充足的数据积累，成熟的计量模型难以形成，物有所值定量评价处于探索阶段，现阶段以定性评价为主。此外，政府过度看重融资将可能导致政府性债务风险隐患。部分政府将 PPP 作为引用民间资金解决政府性债务危机的方式。事实上，如果只考虑融资功能而不注重效率上的提升，PPP 仅能起到延迟财政资金支付时间的作用，不重视投资效率的 PPP 项目可能会高估项目的收入来源，低估未来的政府补贴金额，隐藏了政府性债务风险。因此，地方政府在做好融资规范化的同时，应加强对项目的管理，平衡融资和管理的关系，加强自身诚信建设和法制建设。

（三）PPP 项目实施不规范，或引发地方政府债务风险

除了上述提到的政府对融资功能过度重视外，PPP 项目执行阶段的不规范行为也会造成政府债务问题。2014 年《政府购买服务管理办法（暂行）》（财综〔2014〕96 号）规定，政府向社会力量购买服务的内容为适合采取市场化方式提供、社会力量能够承担的公共服务，突出公共性和公益性，要逐步加大政府向社会力量购买服务的力度，并且只要纳入政府采购目录的事项都可以做政府购买服务，而禁止纳入的范围又比较模糊，因此，政府购买服务有日益泛滥之势。然而，政府购买服务的泛化使用对 PPP 产生了一定的挤出效应，影响 PPP 规范推广，可能成为地方政府债务风险的重大隐患。具体形式为地方政府与投资人就公益类基础设施的"融、投、建、运"签订政府购买服务协议，同时由当地人大做出决议将购买服务期内的政府购买服务付费纳入当地财政支出预算。还有一些地方政府通过单一来源采购方式和融资平台公司签订政府购买服务协议，由平台公司继续做基建，政府从给予融资平台融资担保变为约定给平台公司购买服务付费。这些方式可以实现基础设施的

融资目的，还可以规避 PPP 的操作和审查流程，也不受 PPP 项目 10% 一般公共预算支出的限制，最后成为“明股实债”，形成地方政府的变相基础设施分期付款举债，可能导致地方政府债务实际大幅度增长。

针对上述乱象，2017 年 6 月份财政部出台《财政部关于坚决制止地方以政府购买服务名义违法违规融资的通知》（财预〔2017〕87 号）进行了严肃规范，以列举的方式，明确将有形的建设和物品的采购与无形的服务分开，将融资行为与政府的服务分开，目的是制止地方政府以政府购买服务的名义违法违规举债。87 号文提出不得利用或虚构政府购买服务合同为建设工程变相举债，不得通过政府购买服务向金融机构、融资租赁公司等非金融机构进行融资，不得以任何方式虚构或超越权限签订应付（收）账款合同帮助融资平台公司等企业融资。87 号文中整顿这类不规范的政府购买服务方法如下：一是转 PPP，即属于 PPP 领域的转成 PPP；二是测算是否符合 10% 的要求；三是符合政府购买服务的项目，继续采用政府购买服务。

（四）市场化、规范化相对不足，政企双方契约精神缺乏

对 PPP 合作双方来说，项目的全过程都是通过合约对项目进行约束，因此 PPP 项目的顺利完成需要在整个项目周期注重契约精神。所谓“契约精神”，是指商品经济所派生的契约关系及其内在原则，是一种平等、尚法、守信的品格，其主要特征除了表现为选择缔约方的自由，还隐含着契约各方的地位平等。PPP 项目需要政府与企业长达十几年甚至数十年的合作，双方要树立契约精神，严格按契约规则办事。

但当前政府部门对于契约精神认识不足，一方面，招商引资时积极承诺，存在包括虚增消费需求量、隐藏项目风险等不诚实的问题，项目执行过程中暴露出的执行力弱，完成基础设施建设运营后不能按照合同约定进行支付，政策随意性风险大，尤其是面临政府换届、重大政策调

整、“朝令夕改”频繁改变项目运作的外部环境时（如批准存在商业竞争的其他项目）影响原项目收益以及地方政府信用，政府之间推诿责任现象时有发生，损害了社会资本的权益。

另一方面，在项目的实施过程中，社会资本也存在一定的自主空间，少数企业违背契约精神的情况也有发生。究其原因，或是企业出于利润最大化目的而违背了合同中关于服务或产品的质量承诺，或是由于项目收益不及预期，企业不愿再履行合约等多种因素造成。在政府与企业组成的共同体中，政府掌握了政策、规则的制定权而处于强势地位，企业则处于相对弱小的地位。由于政企双方存在天然的不平等关系，需要用契约规定双方的权利与义务，从而缩小双方地位的差距，确保双方能够以对等地位进行公平交易。因此，实施 PPP 的重要环节之一就是政企双方平等订立契约，坚守契约精神，建立利益与风险分担机制；同时，双方尊重并共同信守契约，政府不能滥用权力，企业必须履行责任。

（五）社会资本参与热情不高，PPP 退出机制需要完善

PPP 模式为社会资本参与基础设施投资提供了可能，但目前社会资本参与 PPP 项目积极性不是很高。退出渠道不丰富、资本投资周期与项目周期不匹配是 PPP 发展中社会资本表现冷淡的主要原因之一。一些地方政府在推广 PPP 过程中侧重准入保障，对正常情形下社会资本方的退出缺乏规范安排，需要补充完善。同时，资产证券化产品在 PPP 项目的推广运用还不够，社会资本难以在项目运营期实现适时退出，影响了企业和金融机构参与 PPP 项目的热情。以基建领域为例，中国城市对基础设施的需求不断上升，但社会资本的投资比例较小、参与度低。因为 PPP 项目的周期和不明确的业务的前景，令一些短期基金不愿进入。若能利用资产证券化推动 PPP 项目投资，则可以有效吸引一

些产业基金、养老基金、证券投资基金等更长远投资。PPP 项目有政府信用支撑，基础设施领域的 PPP 项目为资产证券化提供了大量优质标的，同时资产证券化也能为项目初始投资者提供更丰富的退出通道，社会资本参与投资的积极性或将有所上升。在 PPP 项目资产证券化的过程中，考虑到资本与项目投资周期的匹配程度，还可以在资产证券化过程中引入中长期的资金，比如保险资金、养老金、社保基金等参与 PPP 项目资产证券化产品的投资。

（六）缺乏独立、客观的第三方评估机构，项目实施效率有待提升

目前中国式 PPP 在运作过程中突显以下特征：一是涉及的部门（内部和外部）相对较多；二是涉及的知识领域相对广泛，产业、政策、投融资等都有所涉及；三是项目的整个过程复杂漫长，在国内缺少成功的经验可以借鉴。这就要求各个部门、发起单位和参与主体要对 PPP 运作以及可能存在的风险有深入的认识和了解。因此，专业第三方机构不可或缺，如信用评级机构。自国家发展改革委、中国证监会联合印发《关于推进传统基础设施领域政府和社会资本合作（PPP）项目资产证券化相关工作的通知》（发改投资〔2016〕2698 号）以来，PPP 资产证券化广受关注。信用评级是 PPP 项目资产证券化的关键环节，为发行人、投资人以及监管机构提供有效引导，主要作用如下：

其一，帮助发行人识别 PPP 资产证券化的信用风险。信用评级机构根据规范的指标体系和科学的评级方法，对 PPP 项目未来收益现金流的经营风险和信用风险进行评估，发行人可以较为准确判断 PPP 项目资产证券化产品的风险价值关系，从而设计出 PPP 项目未来收益现金流相匹配的证券化交易结构，确保其合理性。

其二，向投资人揭示 PPP 资产证券化的信用风险。由于资产证券

化产品的结构复杂、链条较长、信息披露比较薄弱等，相比普通债券工具，投资者很难对其中风险进行准确把握。资产证券化产品的评级结果和评级分析报告，作为市场信息的重要提供渠道，可以有效降低投资者信息收集成本和决策成本，为投资者进行投资决策提供重要参考。

其三，协助监管机构 PPP 项目资产证券化的信用风险。由于 PPP 项目资产证券化的复杂性，信用风险十分隐蔽。不仅投资者、发行人难以掌握，政府监管机构也不能完全掌握。评级机构的信用评估能够充分揭示资产证券化产品的信用风险情况，这有利于监管机构的实时监控，及时化解系统性金融风险。

因此，在 PPP 持续发展、PPP 项目资产证券化不断推进过程中，第三方机构以相对客观、专业的角色为各个参与主体提供更权威的帮助，促进项目顺利实施。

二、开发性 PPP 模式的基本特点及未来发展

在相关政策的支持下，我国的 PPP 模式和项目建设迎来了高速发展。截至 2019 年第三季度末，全国 PPP 综合信息平台项目管理库累计项目数 9 249 个、投资额 14.1 万亿元；落地项目累计 6 039 个、投资额 9.2 万亿元，落地率 65.3%；开工项目累计 3 559 个、投资额 5.3 万亿元，开工率 58.9%。在地方融资受限的背景下，PPP 模式被委以重任，成为各地方政府稳增长的“救命稻草”。机制不成熟使 PPP 项目质量参差不齐，鱼龙混杂，风险频出。甚至部分政府 PPP 已逼近或超过 10% 的红线。在这样的情况下，防止 PPP 泛化、关注 PPP 质量将成为重中之重，禁止打着 PPP 的旗号“混淆视听”。今后几年，随着 PPP 落地项目的增加，发挥社会资本主动性和专业性的项目会成为真正需求，

公共产品和公共服务供给效率而非片面融资或施工利润将得到更多关注。对于已经推出的示范项目，应该持续追踪督导和动态调整，确保其真正起到示范作用。同时，在相对成熟的行业，如收费公路、水务和垃圾处理等，可以制定包括合同范本在内的分行业的标准文本供在实践中参考。

开发性 PPP 模式是 PPP 模式不断综合化、专业化和多元化发展的新阶段。开发性 PPP 模式是一个合成词，即“开发性”与“PPP 模式”的合成。从“开发性”的角度来讲，主要应具备两个特征：赋能性和共赢性。所谓“赋能性”，是指 PPP 模式建立之后，由社会资本接受政府的委托，对项目所涉及的范围、内容和要素进行全面的整合，并优化治理体系、机制和能力，由社会合作方对园区、产业和企业进行组织管理、模式创新和生产提升的支持，并提供专业的技术援助和管理咨询服务，从而使产业创新能力更强，企业经营稳健程度更高，园区的管理运行更加规范。所谓“共赢性”，是指项目回报来源并不重点依赖政府补贴，而是来自于价值创造带来的新增市场收入和新增财政收入，政府和社会资本方风险共担，实现共赢。

从“PPP 模式”的角度来看，则符合一般的 PPP 特征和性质，形成项目的自平衡性即开发性 PPP 模式要通过项目运营获得足够的收入回报，从而可以有效地覆盖成本投入和合理回报。为保障自平衡性的实现，政府可结合项目实际需要、专业水平和绩效情况，考虑安排一定规模的政府性基金和政府购买服务的措施，更好实现项目运营的平稳、有序和高效稳定。开发性 PPP 模式沿袭了一般 PPP 模式的基本特征和优点，并可以借助已经形成的资金渠道、政策体系和应用支持予以推行、推广。同时，开发性 PPP 模式还对一般 PPP 模式形成了重要突破，突出表现在对政府补贴性质、范围和标准的界定上，并形成以增量财政收入的一定比例为支付来源激励相容机制。

三、开发性 PPP 模式的深入推进和相关要点

从“开发性”的角度来说，要立足于区域、产业、规模三个要素进行拓展，即应在一定区域的空间范围内，以产业发展和产业带动为核心，并形成相当投资规模和发展环境改变；从“PPP 模式”的角度来说，核心应确立三个原则，即公共服务、契约合作和财务平衡，强调项目涉及的领域应为公共服务的范畴，并采取政府与社会资本方平等、协调、契约的方式进行，在政府承担适当补偿义务的情况下，项目应可以通过自身的运营实现财务的有效平衡。在开发性 PPP 模式组合到一起之后，还应明确两点：一是“开发性”的对象应包括资源本身；二是“PPP 模式”的治理架构的中心需要从政府转到社会资本方（运营方）。

（一）区域的空间范围不宜过小，应具备承载发展的功能

开发性 PPP 模式往往面向的是一个较高的行政层次和综合性的发展需求，在这一情况下，往往涉及居民安置、转移就业、产业集聚等要求，因此，区域的空间范围不宜过小，至少要能够承担较为综合性的发展功能的需求。总体应包括产业空间、居住空间、流通空间等。

在实际工作中，要注重统筹空间、规模、产业三大结构，提高城市工作全局性；统筹规划、建设、管理三大环节，提高城市工作的系统性；统筹改革、科技、文化三大动力，提高城市发展持续性；统筹生产、生活、生态三大布局，提高城市发展的宜居性；统筹政府、社会、市民三大主体，提高各方推动城市发展的积极性。

（二）产业是开发性 PPP 模式的基础，产业的范围是具体的、广义的

产业对开发性 PPP 模式极为重要，既是开发性 PPP 模式赖以生存的基础，又是开发性 PPP 模式的特征和重点所在，还是开发性 PPP 模式的对区域开发、发展的直接支撑。因此，产业是开发性 PPP 模式的支柱。

从产业构成来看，包括狭义、一般和广义的三个范围。狭义的产业概念主要指生产性产业，包括我们所说的制造业、建筑业、采矿业、服务业等，都属于狭义的产业范畴；一般的产业概念则是在生产性产业的基础上，将具有一定赢利能力的基础设施和公共产品开发纳入其中，这种产业往往需要依赖政府授权和专营保护才能产生市场化收益；广义的产业概念则是在一般概念的基础上，将社会成员参与和非经营性资产的参加也包括在内，如全域旅游中的民间艺人和民宿旅游等。根据专家委员会的讨论和借鉴上述开发性业务的发展特点，本书认为开发性 PPP 模式的产业范畴应是广义的。

但构成产业不宜太过抽象。因为 PPP 业务需要有明确的投资边界，需要有综合性的收益回报，需要有明确的合约对象，所以不宜大而化之、笼而统之地划定产业范围，而必须明确产业构成项目、合同约定对象和契约履行主体。范围再大、产业再复杂，具体性的要求仍然是必须坚持的基本原则。

（三）规模性意指投资规模和开发规模均须达到相应的标准

受到开发性 PPP 模式的目标、要求和标准的影响，开发性 PPP 模式必须具有良好的投资规模，总体上投资规模不宜低于大中型项目的投资标准，使得开发性本身具有良好的延续性、延展性和开放性。

在投资规模之外，开发性 PPP 模式还要求形成对区域现状的改变，因此，投资构成中，对人力资本的投资、现有资产的补偿投资和收入型支出的规模不宜过大，总体上还是要着力于形成产业发展环境的改变、基础设施的改变、人居环境的改变等。即开发规模也应达到相关的要求和标准。

（四）公共服务是指政府的社会性服务和事务性服务，原则上可包括纯公益性服务

我国公共服务的范围主要包括社会性服务、事务性服务和政务性服务，除部分特殊的事业单位之外，政务性服务的履行主体原则上只能是政府本身。而事务性服务和社会性服务的服务责任在政府，服务主体却可以广泛让渡给社会参与。

在上述两类服务中，具有一定市场收益能力，专营权得到明确保护，使用者付费特点突出的项目自然属于开发性 PPP 模式的范畴，但是对于区域范围内的一些纯公益性服务是不是可以纳入、如何纳入一直属于研究探讨的重点内容。从现在的情况来看，由于社会企业对服务的履职精细、水平较好和效率较高的影响，在落实好政府购买服务预算安排的情况下，可以将公益性服务纳入开发性 PPP 模式的范围，目的是效率提高、质量提升和社会发展动力的成长。

（五）契约合作是开发性 PPP 模式的基础，契约责任在政府和企业间属于民事责任

PPP 模式强调公平、有序和高效，明确各方权利、明晰各方责任，严格履行契约，形成完整契约体系一直是 PPP 模式的基础所在。作为开发性 PPP 模式，涉及的内容更加综合、产业更加复杂、主体更加多元，契约性需要得到更加强化的遵守。

考虑到开发性 PPP 模式中产业管理、区域治理和企业经营协调等事务需要适当移交给开发性企业承担的特征，政府与开发性 PPP 模式的社会资本方的契约应明确为民事合同，双方承担平等的民事权利和义务。

（六）财务综合平衡是开发性 PPP 模式可持续发展的条件，但财务综合平衡需要政府将新增财政收入按一定比例纳入预算进行支付

PPP 项目的财务平衡要求已经得到了社会的公认，并将其作为 PPP 项目的基本原则，以此开展了物有所值评价和财政可承受能力评价。开发性 PPP 模式投资更大、产业更综合、主体更多元、收入模式更多样，所以财务平衡的概念相应拓展为财务综合平衡，将部分递延性资产的经营收入、基金收入、收费收入和溢价处置收入均考虑在内，形成财务综合平衡的构成标准。

从开发性 PPP 模式的落点来看，受政府委托，提供完整公共产品，推动区域发展、产业提升和生活富裕是其核心目标，也即其并不是立足于现状的改变，而是立足于未来的愿景而进行的开发性、发展性活动。可以预见，由于开发性 PPP 的带动，未来区域的经济总量和财政收入会大幅增长，而政府理应将新增财政收入作为公共产品的支付来源，为开发性 PPP 模式实现财务平衡提供制度路径。

第二章

开发性 PPP 模式的全球实践与研究进展

开发或发展（development）是后发国家及地区的首要追求，由此产生的“发展经济学”也成为经济学理论的重要分支。在发展经济学的演进脉络中，政府与市场的作用及其相互关系始终是一条重要主线。PPP 模式兴起于西方发达国家，本质上是政府与私人机构之间就提供公共基础设施、社区设施和相关服务达成的一种制度安排，其特点是合作方共同参与，共担风险与责任，共享回报，充分发挥公共部门和私人部门各自的优势。从 20 世纪 70 年代开始，西方发达国家进行理论探索和大量实践，积累了丰富的经验。可见，“区域开发”与“PPP 模式”具有内在的理论联系，具备理论融合的基础。

改革开放以来，中国的发展成就举世瞩目，也为开发或发展这一议题提供了丰富的研究素材和典型案例。近年来，我国在基础设施等领域大力推广 PPP 模式，进展迅速，也遇到许多问题。虽然成绩与问题并存，但在巨大的市场规模、中国特色的制度环境、独特的地方竞争体制、科技产业革命驱动的商业模式变革等因素影响下，也出现了与国际上传统的 PPP 模式有所区别的 PPP 实践，即开发性 PPP 模式。本章回顾国内外有关研究成果，并对上述趋势进行理论上的梳理和把握。

开发性 PPP 模式的研究进展可以用图 2－1 表示：基于国际上相对成熟的 PPP 理论与实践，在中国的区域开发实践中诞生了开发性 PPP

模式这一类创新实践，这类前沿实践呼唤产生开发性 PPP 的理论框架与分析体系。对于我国而言，PPP 领域是后发学习，但是在开发性 PPP 实践方面已经与世界前沿并行，在规模与机制设计方面已经处于引领地位，具备了诞生一个有世界影响的新理论框架的土壤。

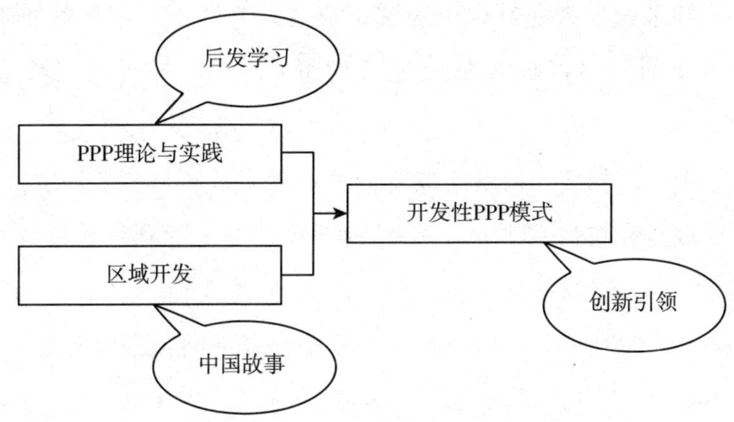

图 2-1 中国开发性 PPP 模式的发展图景

第一节 开发（Development）与 PPP：理论基础

一、开发或发展：发展经济学的制度主义转向

Rosenstein-Rodan（1943）将“开发”或“发展”（Development）这一议题引入经济学研究。此后，张培刚（1949）提出农业国的工业化理论框架，从而开辟了发展经济学这一方向。

发展经济学早期的主流理论认为，由于市场包含内在不可克服的缺陷，政府必须在加速经济发展过程中起到强有力的帮助作用，主要手段包括强力推动工业化进程、直接配置资源进行投资、为“抢占战略制高点”而在大机器工业部门建立公有制企业等（林毅夫，2010）。因此，传统的发展经济学主要采用结构主义研究方法，关注经济结构变动的经验规律以及后发国家发展战略，重点是政府与市场关系的协调。针对最初的二元结构模型存在的问题，此后研究深入到现代产业部门内部，提出了更为全面的结构转换理论。其中，以配第-克拉克定理(1940)、库兹涅茨产业结构变动实证研究、钱纳里工业化发展阶段论(1958)、罗斯托经济成长阶段论（1960，1971）等研究成果最具代表性。

关于推进结构变动的发展战略，主要分为平衡与非平衡增长战略，但都主张政府在结构变动中发挥主导作用。其中，平衡增长战略如罗森斯坦罗丹（P. N. Rosenstein - Rodan）大推进理论（1943）、诺克斯(Nurkes）平衡增长理论（1952）；非平衡增长战略包括赫希曼（Albert O. Hirschman）不平衡增长战略（1958）、佩鲁（F. Perroux）的发展极理论（1955）、缪尔达尔（GUNNAR MYRDAL）地理二元结构论(1957）等。

林毅夫（2010）回顾了发展经济学的演进，认为传统的发展经济学对于指导后发国家实现现代化“仍显苍白无力”，进而提出了“新结构经济学”理论，认为经济结构内生决定于要素禀赋结构，倡导以新古典经济学的方法来研究经济结构变迁以及政府、市场在此过程中所起的作用。该理论的要点包括：(1）将基础设置（infrastructures）作为一个新的组成部分引入经济体禀赋。基础设置包括硬性的（有形的，如高速公路、电信系统等）和软性的（无形的，如制度、社会资本等)。基础设置影响每个企业的交易费用和投资边际回报，并且对于单个企业来说，绝大多数基础设置都是外生供给的，无法被企业决策内化①。

① 从这一点可以得到启示：中国此前的改革对于企业本身及企业内部的基本关系已经理清。未来改革要拓展到企业围墙外，推进要素改革、城市开发制度改革等无法被企业主体内生的经济要素。

(2) 经济体的禀赋结构在每个特定发展水平是给定的，最优产业结构也会随之不同。因此，特定的产业结构要求与之相适应的基础设置来降低运行和交易费用。(3) 在给定的发展水平，市场是配置资源最有效率的根本机制。同时，个体企业无法内化对基础设置的改进，因此，政府还必须在发展过程中发挥积极而重要的协调或提供基础设置改进以及补偿外部性的作用。

上述理论要点连同新制度经济学关于制度变迁与经济发展关系的相关研究（North，1971，1973）都表明，研究开发或发展问题必须深入到制度安排、体制机制乃至具体的合约结构的层面，要素与经济结构层面的变动只是“发展本身”，而不是发展的原因。经济发展的真正原因是能够提供激励相容的有效制度。可以将这一趋势描述为“发展经济学的制度主义转向”。

二、PPP 模式：国际上成熟的理论与实践

PPP 模式起源于英国，此前相关概念包括 Concession（特许经营）、BOT（Build - Operate - Transfer）、PFI（private Finance Initiate）等。在过去的几十年里，PPP 被广泛应用于基础设施和公共服务，包括交通、能源、水和污水处理、环境保护、公共卫生等领域。许多发达国家和发展中国家都在基础设施和公共服务领域引入 PPP 模式，以克服传统公共采购模式的弊端（Wang，2018）。

从定义来看，世界银行认为，PPP 是公共部门和私人部门联合提供公共产品或公共服务，共担风险，而这些公共产品或服务是其中一方单独难以承担和完成的（PPPIRC，2017）。欧盟委员会认为，PPP 是指公共部门和私人部门之间的一种合作关系，其目的是提供传统上由公共部门提供的公共项目或服务（The European Commlision，2003）。美国 PPP

国家委员会认为，PPP 是介于外包和私有化之间并结合了两者特点的一种公共产品提供方式，它充分利用私人资源进行设计、建设、投资、经营和维护公共基础设施，并提供相关服务以满足公共需求（The Nations Council for PPP，USA，2002）。英国财政部出版的《公私伙伴关系—政府的举措》（英国财政部，2000）从三方面解释了公私伙伴关系：在国有行业中引入私人部门所有制；鼓励私人投资行动，根据这一计划，公共部门通过合同长期购买商品或服务，利用私人部门的管理技术优势，同时受益于私人的财力支持以巩固公共项目；扩大政府服务的出售范围，从而利用私人部门的专业技术和财力开发政府资产的商业潜能。美国学者萨瓦斯（2002）认为，PPP 是指企业、社会组织和地方政府为改善城市状况而进行的一种正式合作。

Brooks（1984）认为，不同于"明确规定相对人要做什么的合同"以及"相对人有完全自由裁量权的合同"，PPP 基本的特征是提供一个真正的"合作"空间，其关键在于"根据协议条款正式确定的标准进行联合决策"。换言之，PPP 是公私部门实体之间互惠互利的联合工作关系，创造了集聚资源和分担风险的新制度结构，目的是达成共同的目标（Lamie and Ball，2010）。Sagalyn（2007）总结了 PPP 模式成功的三个因素：合作伙伴关系、界定责任和收益的正式合同、量身定做的商务条款。关于 PPP 的分类，Edelenbos and Teisman（2008）将 PPP 分为两大类：联盟模式和特许经营模式。在联盟模式中，地方政府与私营部门建立合作关系，对项目的整个过程产生强烈的参与和持续的影响。在特许经营模式下，地方政府向私营部门一次性授予开发权，并作为被动型投资者。

目前，PPP 的理论研究已形成了诸多共识，一些学者认为 PPP 已成为一种新的治理形式（Osborne，2000）。PPP 作为一种"治理机制"，服务于更加有效的公共产品供给及运行，得到了广泛认同。世界各国政府越来越依赖私人行动者来执行公共政策，政府需要与来自不同方面的行动者合作（Teisman and Klijn，2002）。PPP 可以被看作是公共和私营部门行为者之间的合作性体制安排（Hodge and Greve，2007）。因此，从经济学和公共管理融合的视角开展研究就成为一个重要方向，从而也展现出与上述发展经济学的制度主义转向趋势进行融合的潜力。

Huanming Wang，Wei Xiong 等用系统方法分析了公共管理领域国际期刊中的 PPP 研究进展。根据他们的研究，近年来与 PPP 有关的文章数量稳步增加（图 2－2）。从关注的国家来看，多数 PPP 文章关注英国，因为英国是第一个采用私人金融倡议（PFIS）的国家。此外，大多数国家或地区都是发达经济体，因为其市场规则与政府规制系统相对成熟。

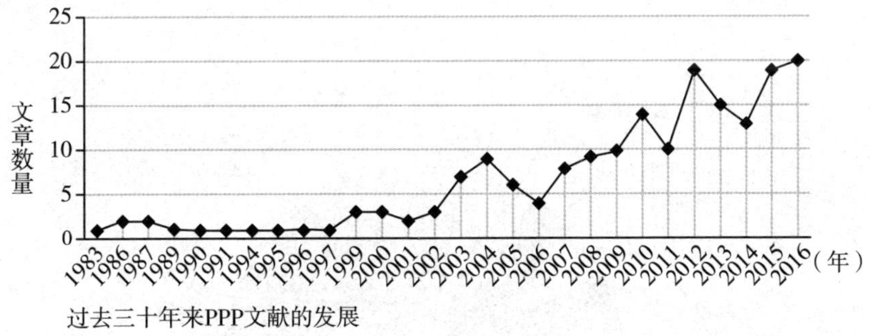

图 2－2　公共管理领域国际期刊文章数量变动趋势（1983—2016）

资料来源：Huanming Wang，Wei Xiong 等。

通过对 186 篇论文的综合评述，可以归纳出四大问题：（1）PPP 是公共部门与私营部门之间复杂而持久的合作；（2）PPP 中的风险可能来源于项目、市场和国家层面，应当在充分考虑制度环境、监管机制和项目类型的情况下适当分配；（3）发达国家采用 PPP 的因素集中于财政压力、效率和政治环境，而发展中国家则集中于上级政府的压力和 PPP 的广泛价值；（4）PPP 绩效应被视为一种合作网络绩效。这也展现出公共管理学科的研究更多采用宏观层面的合作视角，关注如何使合作方建立伙伴关系，以实现公共政策目标。相对而言，其他学科更侧重于项目的绩效和治理，更多是偏微观层面的分析，如投资环境、采购、经济可行性、财务和组织边界（KE，2009）。

从运用的理论来看，主要有三大类学科（图 2－3）。首先，经济学的角度，包括运用交易成本分析最优治理和交易结构，运用产权理论分析 PPP 合同的不完全性，运用委托－代理理论分析公私双方信息不对称引起的激励问题等。其次，公共管理和公共政策的角度，包括运用网络和治理理论研究公共部门和私营部门之间的合作，运用公共选择理论和新公共管理理论研究提供基础设施和公共服务的竞争机制。最后，管理学的角度，包括运用利益相关者理论分析 PPP 需要平衡的利益相关者，运用制度理论分析制度的合法性与效率问题等。

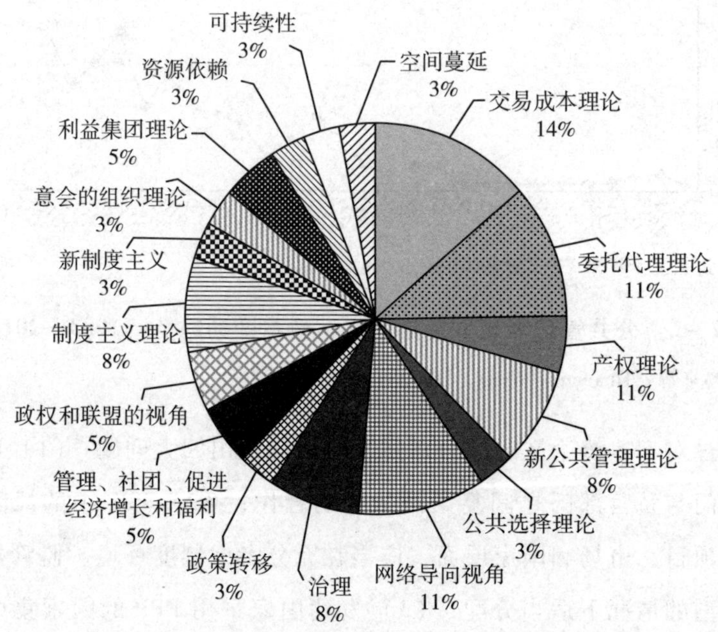

图 2－3　公共管理领域国际期刊文章采用的理论

资料来源：Huanming Wang，Wei Xiong 等。

第二节 中国的区域开发与PPP实践：历史性的交汇

一、区域开发：中国特色社会主义市场经济的空间实践

改革开放四十年来，中国创造了世界瞩目的经济发展成就。与此同时，如何解释中国的发展奇迹，已经成为重要的研究主题。毫无疑问，无论这一奇迹如何解释，有两个角度是始终无法绕开的，一是制度，二是空间。制度构建对各类经济主体的激励环境，空间承载经济发展的物理运行。制度方面，中国特色社会主义市场经济体制不断完善，各方面制度在不断的调整和完善中趋向优化，构建起相对完整的激励环境，其中，地方政府成为重要的发展主体，这在世界上堪称独树一帜；与此相关，在空间方面，从经济特区到沿海开放，再到全方位开放，从开发区、各类试验区到国家级新区，从沿海优先发展到区域均衡发展，中国丰富的区域开发实践为全球的区域开发提供了丰厚的研究土壤，也为后发国家推动发展提供了可资借鉴的样本。同时，面对未来高质量发展的要求，这一体系也必须进一步调整完善。

从上述脉络出发，诸多研究对中国取得的发展成就与区域开发成就给出了理论解释。

钱颖一等提出了著名的“中国特色的联邦主义”（Federalism，Chinese Style）假说，认为中国地方政府的强激励有两个基本原因：一是行政分权，中央政府从20世纪80年代初开始就把很多经济管理的权力下放到地方，使地方政府拥有相对自主的经济决策权；二是以财政包干为内容的财政分权改革，中央把很多财权下放到地方，而且实施财政包干

合同，使得地方可以与中央共同增加收入。财政收入越高，地方的留存就越多，其中预算外收入则属于100%的留存。正是这两方面的激励使得中国地方政府有很高的热情去维护市场，推动地方经济增长。

周黎安（2007）则进一步提出了“中国地方官员的晋升锦标赛模式”，该理论认为政府官员的治理机制是决定经济增长的重要的制度安排，晋升锦标赛作为中国政府官员的激励模式，是中国经济奇迹的重要根源。晋升锦标赛作为一种行政治理的模式，是指上级政府对多个下级政府部门的行政长官设计的一种晋升竞赛，竞赛优胜者将获得晋升，而竞赛标准由上级政府决定，它可以是 GDP 增长率，也可以是其他可度量的指标。以经济增长为基础的晋升锦标赛结合了中国政府体制和经济结构的独特性质，在政府官员手中拥有巨大的行政权力和自由处置权的情况下，提供了一种具有中国特色的激励地方官员推动地方经济发展的治理方式。从国际比较的角度看，如果说地方政府在中国经济增长奇迹中作用巨大的话，那么这种作用的制度基础就是晋升锦标赛模式。

2009 年，张五常教授发表《中国的经济制度》，将合约理论拓展到纳入政府在内的宏观层面，指出中国经济制度的重点是通过一连串合约促成了地区之间的激烈竞争。该书中，他指出中国的经济制度是一个庞大的合约组织，其要点包括：（1）县的经济权力最大，而且地理界线及县干部的权力与责任的划分清晰，使得县内性质类同的商业机构竞争激烈；（2）县干部的奖赏按成绩算；（3）引进产品增值税且实行固定税率的分税制，类同佃农分成，一个县可以视作一家购物商场，投资者好似租客，缴纳固定最低租金（固定地价）加一个分成租金（增值税），因为是分成制，县政府会小心选择租客，多方面提供服务及优惠；（4）上层鼓励竞争，因75%的增值税是上层收的；（5）法律层面弹性较大，允许合约结构中的条件可以商讨，市场倾向远比其他国家明显。该理论认为竞争的激烈程度决定着土地使用效率的高低，中国是在同层的地区互相竞争，从而把使用权的界定“织”进了市场合约之中。在“织合”的安排下，投资者要在生产存续过程中履行相应的投资义务才能获取完整的土地使用权。在工业发展之中，通过层层合约的嵌套、联系，产生了“令人敬畏的经济力量”①。

中观和微观层面，城市是区域开发的重要空间载体。经济学视角的城市理论能够描述各类要素的空间配置规律，目前研究主要关注城市的要素“集聚”现象。

马歇尔在《经济学原理》中使用了“集聚”的概念去描述特定区域内企业、产业的集中。他将这些区域称之为“工业区域”，并指出集聚的动因在于正的外部效应。韦伯创立了完整而系统的现代产业区位理论，把影响工业区位的因素分为区域因素和位置因素。区域因素主要指运输成本和劳动成本，位置因素则指工业的地域集中。佩鲁（1950）提出了增长极理论，认为投资在推动性工业中，通过与其有投入产出联系的工业的发展能够导致全面的工业增长。以克鲁格曼（2000）为代表的新经济地理学者在不完全竞争、报酬递增和市场外部性的框架下，模拟了集聚经济的形成过程。

但是，赵燕菁（2009）认为，这些“空间分析模型都将制度假设为无影响（或至少对不同空间秩序的影响是无差异）的”，不符合现实情况，他进而提出了“城市的制度原型”，认为城市是一系列公共产品和服务的集合。城市政府就是生产和提供这些公共产品的“企业”。同所有企业一样，城市政府的核心要素，就是其商业模式。

焦永利等（2015）进一步融合发展经济学、新兴古典经济学以及新制度经济学的研究进展，提出了合约视角下的城市模型，论证了城市的合约性质。该框架认为，城市在生成与运行中，各类要素实现流转、

① 在这里，很容易得到如下推论：这套合约组织与结构推进了奇迹般的工业化，而基本原则不动，调整若干局限条件，如调整税制组成与比例，可以用来推进中国的新型城市化进程。

重组、合作生产并获取收入，要素之间合约的不断集成就构成了一市之经济。因此，可以将城市本身视作一种特殊的“产品”，由政府提供服务于企业与居民的公共用品，与企业家、人力资本、土地、资本等要素合作“生产”或“供给”出来。通过持续的制度创新、不断改进合约结构，能够降低城市生成与运行中的交易费用，提高资源配置效率。从中国改革开放以来的实践来看，城市的生成可以分解为企业“围墙内”与“围墙外”两大部分。在企业围墙内，企业虽然受到产权规则及管制类条令的约束，但具体合约的形成则由企业中各方面要素谈判确定具体的使用条款和收入条款；在企业围墙外，如新结构经济学所言，硬性基础设置和若干介于硬性和软性基础设置之间的教育、医疗等提升人力资本的设施是不在企业生产函数之内的，这部分公共用品就由地方政府以组织要素的身份参与供给，这就将公共用品的供给决策内生化了。回顾中国的发展，改革开放前 30 年通过经济转轨、股份制改革等政策基本理顺了企业内部的市场化关系，而企业外部的基础设施、公共服务等供给尚未充分发挥市场配置资源的决定性作用，合约结构有着显著的改进空间。基于这一框架，焦永利（2018）进一步分析了城市作为一类“特殊产品”的供给模型及其合约结构改进方向。

上述研究是近年来解释中国经济增长与区域开发绩效具有穿透力和影响力的成果，其中都贯穿了制度、激励与空间的密切互动，而中央 - 地方关系，特别是财政和事权关系是一条重要主线，也展示出未来进一步完善相关制度的方向。

唐洋军（2011）从财政分权的角度比较了中国和美、日、欧等发达经济体财权和事权的匹配度问题，认为中国的财政体制是典型的非对称型财政分权模式，财权与事权匹配程度较低，地方政府组织财政收入的激励作用明显。美国的财政体制是典型的对称型财政分权模式，实行联邦财政、州财政和县财政三级治理模式，基本保证“一级政府、一级事权、一级收入权”。日本的财政体制也是典型的非对称型财政分权模式，税制实行中央集中制，但是有比较完善的转移支付体系，此外还通过地方交付税和地方让与税的方式弥补地方税源的不足。欧洲各国财政管理体制各不相同，但从共性上看，英国和法国实行高度集中的分税制财政管理体制，中央与地方严格按照税种划分，从事权上看，中央和地方有相对比较明确的事权范围，但中央政府对地方事权也有一定的影响力，主要是限制地方财政支出的规模。在此基础上，对各经济体地方政府融资渠道进行归纳，分析了中国地方政府融资平台发展的历史沿革，认为融资平台的产生具有历史必然性，其背后隐藏着一系列的政治经济体制问题，仅从金融机构防范化解信贷风险的角度入手则无法从根本上解决融资平台的问题。

杨志勇（2015）认为中央和地方事权划分是分税制改革中的中心问题。没有合理的事权划分，就不会有规范化的政府间财政关系。分税制改革先是提出财权与事权相结合原则，后又转向事权与财力相匹配原则。实际上，事权与财权、财力相匹配原则才是更合理的选择。政府间事权划分的困难与政府职能过多、国有产权收益过多有关，未来中央和地方事权划分更应突显事权划分的稳定性和确定性。

在高速的城镇化与区域发展过程中，财政与各方面利益主体的关系呈现出更为复杂的局面。刘尚希（2012）认为，在城镇化过程中毫无疑问的要产生收益、发生公共风险，收益与风险成本该如何分享、共担是一个复杂的问题。城镇化会带动经济增长，税收增多。同时，还会带动土地增值，农用地转为建设用地，土地资本化收益十分可观。土地还可以成为政府的融资杠杆，大大扩增政府可支配的经济资源。除了政府、农民和市民以及开发商等多方利益主体在横向上参与城镇化收益的分享外，还存在中央与地方之间纵向的收益分享。我国现行的财政体制，考虑的基本面是收益的分配，没有形成一个全盘统筹考虑的收益分享与风险成本分担机制。产生的收益有明确的体制安排，而公共风险成本却没有纳入财政体制，这很容易导致城镇化进程中的公共风险不断累积。如何防控城镇化中的公共风险并对其成本做出明确的体制安排，是对财政体制提出的挑战。

在此基础上，刘尚希等（2018）提出，中央与地方财政事权划分是我国财税体制改革的关键环节。在社会主要矛盾发生重大变化的条件下，基于国家治理现代化目标的财政事权划分应当充分考虑公共风险因素。财政体制改革应以基本公共服务领域财政事权划分改革为突破口，在识别财政事权风险的基础上，强化中央财政事权，规范并减少中央与地方共同财政事权，赋予地方政府充分的自主权，并根据公共风险的变化，建立中央与地方财政事权划分的动态调整机制。

周黎安（2007）也提出，晋升锦标赛是一把“双刃剑”，它的强激励本身也内生出一系列的负作用，比如行政竞争的零和博弈的特性导致区域间恶性经济竞争；在政府职能呈现多维度和多任务特征时，晋升锦标赛促使地方官员只关心可测度的经济绩效，而忽略了许多长期的影响；晋升锦标赛使得地方官员是地区间晋升博弈的运动员，同时政府职能要求他们又必须是辖区内市场经济的裁判员，这两者存在内在的角色冲突，政府职能转换之艰难便源于此。另外，通过晋升激励支撑的对企业的扶持和产权保护肯定不如通过健全的司法保护更透明和更持久。由于晋升锦标赛自身的这些缺陷，尤其是其激励官员的目标与政府职能的合理设计之间存在严重冲突，这一体系也迫切需要转型。

转型的方向何在，往往可以从历史中寻找线索。诺贝尔经济学奖得主科斯在《变革中国》一书中提出，承包制、乡镇企业、个体户和经济特区，是中国市场经济转型中四个最重要的“边缘力量”，它们共同促成了中国的“边缘革命”。在实践中，区域开发转型与 PPP 模式的结合或许又是这样一次“边缘革命”。

二、PPP 实践：发展历程与研究进展

PPP 在中国的发展历史较短，有关 PPP 项目的专门制度安排一直到 2013 年以后才陆续颁布。但是，近年来国内 PPP 项目呈现爆炸式增长。在财政部出台《关于规范政府和社会资本合作（PPP）综合信息平台项目库管理的通知》（财办金〔2017〕92 号）对 PPP 项目库进行甄别清理之前，2017 年底的全国 PPP 入库项目数量达到 14 059 个，与英国自 1992 年以来共 7 000 多个 PPP 项目相比，中国就像是“PPP 暴发户”，一夜之间出现了数量庞大的 PPP 项目（郭燕芬，2017）。

中国政府文件首次出现 PPP 的定义是在 2014 年 9 月 23 日财政部发布的《关于推广运用政府和社会资本合作模式有关问题的通知》（财金〔2014〕76 号，后又简称“76 号文”）中，“政府和社会资本合作模式是在基础设施及公共服务领域建立的一种长期合作关系。”随后，国家发展改革委在 2014 年 12 月 2 日的文件中提出“政府和社会资本合作（PPP）模式是指政府为增强公共产品和服务供给能力、提高供给效率，通过特许经营、购买服务、股权合作等方式，与社会资本建立的利益共享、风险分担及长期合作关系。”

2015 年 5 月 22 日，国务院办公厅转发财政部、国家发展改革委、中国人民银行《关于在公共服务领域推广政府和社会资本合作模式指导意见》（国办发〔2015〕42 号），对 PPP 的定义进行了统一，“政府和社会资本合作模式是公共服务供给机制的重大创新，即政府采取竞争性的方式择优选择具有投资、运营管理能力的社会资本，双方按照平等协商的原则订立合同，明确责、权、利关系，由社会资本提供公共服务，政府依据公共服务绩效评价结果向社会资本支付相应对价，保证社会资本获得合理收益。”

此前，学术界已经开展了多年的相关研究。代表性的定义和研究包括：

雒亚龙（2003）认为，PPP 是国际上新近兴起一种新型的政府与私人合作建设城市基础设施的形式，称为“国家私人合营公司”（Public - Private - Partnership 简称 PPP）。

张喆等（2008）认为，PPP 是指公共部门与私人部门共同参与生产并提供公共物品和服务而建立起来的各种协议和长期合作关系。

鲁庆成（2008）认为，公私伙伴关系是指公共部门与私人部门为提供公共服务而建立起来的一种长期合作关系。这种伙伴关系通常需要通过正式的协议来确立。在伙伴关系下，公共部门与私人部门发挥各自的优势来提供公共服务，共同分担风险、分享收益。伙伴关系的形式非常灵活广泛，不同形式下私人部门的参与程度与承担的风险程度各不相同。在 PPP 的框架下，一些原来由公共部门承担的工作转移到了私人部门，但公共部门始终承担着提供公共物品和服务的责任。

王守清、柯永建（2008）认为，PPP 是指政府与私营商签订长期协议，授权私营商代替政府建设、运营或管理公共基础设施并向公众提供公共服务。在我国，由于国有企业是独立核算的法人，可以或已经作为非公共部门参与了很多项目，因此，PPP 译为“政企合伙/合营”更准确。PPP 本质上和 BOT 相似，但 PPP 的含义更为广泛，反映更为广义的公私合营关系，除了基础设施、自然资源开发外，还包括公共服务产品/机构的民营化等。但与 BOT 相比，PPP 更强调的是政府在项目中的参与（如占股份），更强调政府与企业的长期合作与发挥各自优势，共享收益、共担风险和社会责任。

贾康等（2009）在综合国内外机构、专家们给出的定义之后认为，PPP 是指公共部门与私营部门进行合作，让私营部门掌握的资源也能参与到公共服务之中，在实现政府部门职能的同时，也让私营部门获取利益。

叶晓甦等（2013）认为，PPP 是公共部门和私人部门为提供公共产品或服务、实现特定公共项目的公共效益而建立的项目全生命期关系性契约的合作伙伴、融资、建设和经营管理模式。

上述定义各有侧重，但共同要素是：首先，PPP 的基础是“合作”，政府和社会资本通过建立平等的伙伴关系和高效的协商机制来实现合作；其次，政府和社会资本合作的目的均是为社会提供公共产品和服务；再次，政府和社会资本的合作强调风险共担；最后，主张利益共享，达到“1+1>2”的效果（高越青等，2018）。

赵晔（2016）从总体上回顾了我国 PPP 的研究历程（图 2-4），总结了 PPP 研究的内容体系（图 2-5）和研究类别变迁（图 2-6），并将我国 PPP 模式的研究划分为三个阶段：

年份	数量（篇）	研究内容
2002	2	理论（1 篇）：基本介绍 应用范围（1 篇）：城市公共设施
2003	4	理论（2 篇）：基本介绍 应用范围（2 篇）：垃圾、土地整理
2004	4	理论（2 篇）：票价管制、对财政影响 应用范围（2 篇）：轨道交通、基础设施
2005	8	理论（1 篇）：PPP 基本介绍 应用范围（7 篇）：公共服务、教育、城市物流、公立医院
2006	16	理论（5 篇）：简介、风险原则与框架、社会评价方法 应用范围（11 篇）：公共事业、城市轨道交通、科普、新农村建设
2007	26	理论（8 篇）：合同、法律、最优控制权、组织风险、学习机制 应用范围（15 篇）：铁路客运、卫生科技、城市基础设施、荒漠治理、亚欧大陆桥建设、廉租房建设 国外经验（1 篇）：日本模式

年份	数量（篇）	研究内容
2008	24	理论（6 篇）：契约特征、项目私营方风险预警、评价方法、公共产品投资 应用范围（16 篇）：基础设施、小城镇建设、农村基础设施 国外经验（2 篇）：模式比较，英法隧道失败案例
2009	29	理论（10 篇）：风险因素分析、融资利益分配、民间投资关系、控制权对效率的影响、环境影响评价 应用范围（17 篇）：文化遗产保护、体育场馆、农村公共品供给、基础设施建设、农业产业园区基础设施 国外经验（2 篇）：欧盟
2010	30	理论（13 篇）：效率综述、动态风险管理模式、汇总风险分配理论、项目定价机制、政府规制、监管机制、模式选择方法 应用范围（15 篇）公共基础设施、水务业、基础教育、经济适用房、电子政务建设、新兴医疗保险中应用，森林保险中应用，保障房建设的应用、乡镇债务 国外经验（2 篇）：国外教育应用、国际医药研发
2011	33	理论（10 篇）：评价指标、投资决策、合作博弈、定价、交易方式、最优股权、控制权本质、收益分配设计、融资风险识别、与技术创新关系 应用范围（20 篇）：公积金住房、公共事业、基础设施、两型社会建设 国外经验（3 篇）：韩国法律、国际合同、匹兹堡管理原则
2012	24	理论（6 篇）：土地整理中研究综述、控制权配置、核心要点、项目决策、合作机理、投资决策机制、运作方式、信任的动态演化、效率影响因素 应用范围（15 篇）：城市轨道、境外铁路、农地整理、农业基础设施、养老、保障房 国外经验（3 篇:）国际指标、境外铁路模式、国外公路
2013	41	理论（9 篇）：模式研究综述、项目资金评价、风险控制框架与因素、政府补偿机制、效率影响机理、特许期调整 应用范围（29 篇）：基础设施、农地整理、高职院校、建筑垃圾处理、国际基础教育、公租房建设、气候变化、电子政务、农村医疗、城乡一体化 国外经验（3）篇：印度基础教育、英国教育、国际基础教育 PPP 争论

年份	数量（篇）	研究内容
2014	78	理论（22 篇）：基本介绍、运用要点、运营期延长、生命周期理论，PPP 与财政转型；产权配置、风险分担、会计核算、动因与路径，信任形成机理 应用范围（51 篇）：城镇化应用、清洁基金、地方债务、医疗保障，混合所有制，垃圾处理、国家助学贷款 国外经验（5 篇）：国外动态综述、加拿大经验、保障房国际经验、亚行
2014	190	理论研究（24 篇）：政府交易与监管的法律平衡、制度安排、委托代理模型；效率优势、行业比较、项目风险、逻辑性与可行性、财政承受能力研究与税收、财务风险、风险分担、政府定位法制思维、公私利益协调、失败案例 应用范围（164）篇：城镇化、土地储备融资、医保、雾霾治理、一带一路建设、旅游、养老服务业、债务治理、互联网金融、公共安全服务 国际经验（2 篇）：国际评价与立项的经验
2016	87	理论研究（25 篇）：定价、投资策略、激励机制、风险逻辑与治理、补偿机制、政府与民营企业的契约关系、资本结构选择、失败案例分析、立法研究 应用范围（59 篇）：公共图书馆；农业领域、水资源管理、城市交通、城镇化、西部职业教育；民用航空；节能服务业，互联网 + PPP、区域可持续发展 国外经验（3 篇）：英国借鉴、法国 PPP 法律问题；加拿大借鉴

图 2－4　改革开放以来核心期刊发表 PPP 相关论文的梳理

资料来源：赵晔，《改革开放以来中国 PPP 模式研究回顾与反思》

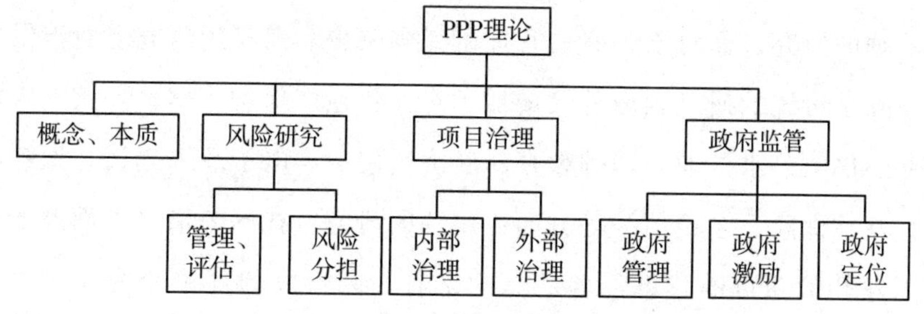

图 2－5　PPP 理论研究内容体系

资料来源：赵晔，《改革开放以来中国 PPP 模式研究回顾与反思》。

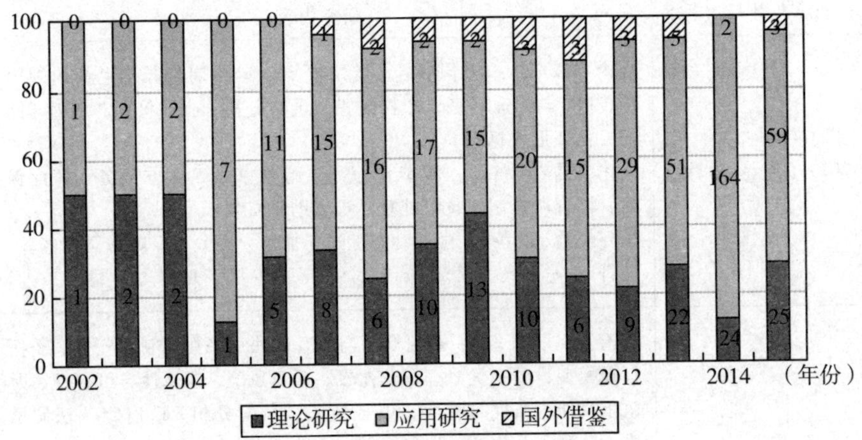

图 2－6　研究类型变化图

资料来源：赵晔，《改革开放以来中国 PPP 模式研究回顾与反思》。

第一阶段是 2002—2006 年的萌芽阶段。此阶段的研究以应用研究为主，在理论研究上主要侧重于 PPP 模式的简介与推广；在应用范围上主要集中于城市基础设施、土地整理探索等领域。

第二阶段是 2007—2012 年的开始发展阶段。这个阶段研究的内容无论是适用范围还是基础理论都有所增长。在理论研究领域上对于项目的风险、项目的治理都开始有所涉猎，但更多的是从评价指标、投资决策、定价、交易方式选择、最优股权、控制权本质、收益分配设计、融资风险识别等微观层面来进行研究分析。在项目治理方面主要侧重于内部治理的研究，而对于政府的管理研究则较少。在应用研究上所涉及的领域除了传统的研究领域外又增加了对文化遗产保护、体育场馆、农村公共品供给、水务业、基础教育、经济适用房、电子政务建设、医疗保险，森林保险、乡镇债务等方面应用性的研究。在国外借鉴方面开始关注国外 PPP 项目的建设经验。总的来看，此阶段的理论研究比重虽然有所增加，但仍然明显低于应用研究。

第三阶段是 2013 年至今加快发展阶段。从 2013 年开始从研究数量来看，无论是理论研究、应用研究还是国外借鉴这三方面的研究都明显增加。理论研究方面在风险的研究中风险评估与分担的研究开始更加系统化；项目治理方面更加侧重于外部治理研究；政府监管方面，研究呈现急剧增加的态势，主要集中在政府补偿机制、与财政转型的关系、政府交易与监管的法律平衡、政府定位法制思维、公私利益协调、立法研究等方面。从应用研究来看，应用范围除了传统研究领域外又增加了对于雾霾治理、“一带一路”建设、旅游、养老服务业、互联网金融、公共安全服务、区域可持续发展、国家助学贷款、国际基础教育等方面的研究。国外借鉴方面，开始对国外 PPP 项目的建设原则关注。但整体来看，此阶段基础理论与应用研究相比比重进一步降低。研究经历了从简单引进到理论与实践相互衔接的过程。

总体上看，PPP 的研究经历了从简单介绍到与中国社会现实逐渐结合，到指导中国的实践，到理论与实践互动发展的良性过程。在第一阶段中虽然核心期刊中有 34 篇文章，但文章主要是对 PPP 的适用性的研究。第二个阶段在经济社会实践的基础上产生了更深层次的理论要求。在这样的要求下中国 PPP 研究进一步发展。第三阶段时理论与实践互动性更为明显，而在这个阶段则产生了对 PPP 模式与边界的反思，开始对 PPP 的风险以及 PPP 失败的案例和经验进行分析和总结。

赵晔还进一步分析了我国既有 PPP 研究的不足：研究视角及理论依据呈现出多元的态势，但与日益增加的实践需求相比呈现出落后的态势。一是从理论依据来看，基础理论缺乏系统性的研究；二是从研究视角来看，正面案例积极作用关注多，缺少反思的视角；三是从研究内容上看，忽视了理论创新，实践应用是主要的关注点，具有明显的实用主义色彩。

2017—2018 年也是 PPP 研究的高潮年份，多篇优秀论文研究了 PPP 模式的最新进展，在风险研究、项目治理（瞿玉雪，2018）、政府监管等研究方向的基础上，多篇论文分析了 PPP 应用的新领域，如旅游景区（杨梅，2017；陈丹丹，2018）。

此外，更为突出的一个趋势是，与国际上的研究方向一致，我国学者的研究也更加转向 PPP 的宏观层面价值与运行机制方面，注重从完善治理机制的层面开展研究。

彭羽（2017）认为，处理好政府和市场的关系是投融资管理体制创新的关键所在。

高越青等（2018）认为，PPP 模式并非简单的融资手段，而是我国体制机制的一次改革创新，当前 PPP 模式在实践中存在问题，只能通过制度建设从根本上进行化解。

苏永盼（2018）认为，PPP 模式本身是个十分复杂的组织模式，既要维护好长期的伙伴关系，又要解决公私双方不可避免的利益冲突，还要保证基础设施供给效率。需要以激励理论为基础，从委托—代理关系方面分析公私合作中的激励问题，最优激励合同需要把握好风险和激励之间的平衡点。

付建华（2018）认为，PPP 不仅仅只是一个融资工具，民营企业的进入带来的融资结构的变化必然引起项目治理结构的变化，民营企业在项目组织中的治理作用恰恰成为项目管理效率提高的一个因素。由于 PPP 项目在投资主体和管理模式方面的复杂性，已经超出了传统的项目管理理论的研究范围，必须把 PPP 项目管理的问题提到治理的高度来研究解决。根据现代契约理论，PPP 项目的本质就是项目的各个参与者缔结的一组契约的集合。这些契约的重要作用之一就是对各个要素所有者之间的权利、责任和义务进行界定，对项目组织租金进行合理分割，从而促进各个项目参与者之间的相互合作。因此，PPP 项目合作剩余的创造和分割是项目组织的核心问题。项目治理效率应该是基于契约的履行和剩余权利配置效率基础上的项目契约主体之间的合作效率，但是由于单边治理和共同治理的局限性，为了实现契约主体的合作效率的提升，必须在共同治理的基础上充分利用关系契约进行治理。根据契约治理的行为经济学逻辑，将资产专用性投资视为项目收益分配的影响因素，并将其纳入博弈模型，通过求解激励相容约束条件，可以得到关系契约治理边界与资产专用性投资之间的定量关系。

廖振中（2018）等认为，理论界在过去 20 年逐渐放弃了把 PPP 作为一种单一的宏观财政工具的模式，转而强调 PPP 蕴含的事前竞争、产权分配、风险分配、激励机制和信息优势对于提升公共品供给效率和创新公共品供给模式的重要作用。我国应避免对 PPP 债务纾缓功能形成过度依赖，而应当把 PPP 的功能定位于提升公共品供给效率，并就鼓励竞争、产权分配、风险划分、信息透明以及物有所值等方面开展制度建设。

周倩（2018）运用经济学的相关理论与方法，结合我国具体的经济特点和制度环境，扩展了一个研究 PPP 的理论模型（Hart，2003）。周倩认为，民营企业所拥有的融资、技术与管理方面的比较优势，不仅可以提高投入水平，进而提升社会福利，也可以一定程度上抑制政府可能的信用风险。

三、开发性金融：理念特征及其与 PPP 模式的融合

陈元（2010）认为，在发展中国家的城市化进程中，资金资源的配置一方面存在着明显的市场失灵，需要政府的干预来加以纠正；但另一方面，发展中国家普遍存在政府财政资金不足、制度不健全等缺陷，政府干预的能力不足。为了克服这种矛盾，许多国家都探索进行金融制度的创新，构建一种介于市场调节与政府干预之间、既体现政府意图又遵循市场规律、以市场化手段实现政府目标的金融制度。

在长期的探索过程中，开发性金融的形式逐渐产生并日益完善。“开发性金融”是指国家或国家联合体通过建立具有国家信用的金融机构，为特定需求者提供中长期融资，同时以建设市场和健全制度的方式，推动市场主体的发展和自身业务的发展，从而实现政府目标的一种金融形式。开发性金融的一个重要的运行机制就是“政府入口、开发性金融孵化、市场出口”，通过将银行的融资优势与政府的组织协调优势结合，通过组织增信，把政府的力量化为市场的力量。

开发性金融既区别于“商业性金融”，又区别于传统的“政策性金融”。开发性金融与商业性金融都采取市场化运作的方式，不同之处在于：商业性金融在现有市场条件下运营，以追求利润为目标，不承担主动建设市场的职能；开发性金融不以赢利为唯一目标，其着力点是在市场缺损、制度缺失的地方，通过制度建设、信用建设来营造市场、完善市场，并在建设市场制度的过程中取得自身可持续发展必需的利润。在我国，开发性金融从产生之日起就肩负着两项特殊任务：一方面要通过长期、大额、稳定的资金支持，加快“瓶颈”领域和薄弱环节发展；另一方面也要以开发性方法弥补信用和市场的空白和缺损，构建健康的主体，增强经济发展的内生动力，这是开发性金融与商业性金融的根本区别。因此，开发性金融具有“自生能力”，能实现可持续发展，是传统的政策性金融的发展和超越。开发性金融不是直接进入已经高度成熟的商业化领域，而是从不成熟的市场做起。在没有市场的地方建设市场，在有市场的地方充分利用和完善市场，以融资为杠杆，引导社会资本投向国家重点支持领域，有效填补薄弱环节和落后领域的金融市场空白。

开发性金融一直在实践中支持中国城市化发展。城市化的两个方面（大量城市基础设施的建设、产业转化与非农就业），近年来都得到了开发性金融的融资支持。

在实践中，逐步出现了开发性金融与 PPP 模式的融合。

何新欣（2017）认为，开发性金融是介于政府与市场之间的重要金融形式，与 PPP 模式具有相适性。我国开发性金融参与 PPP 的主要模式包括：实业投资模式、基金投资模式和融智服务模式。李川（2017）认为，目前地方政府推出的 PPP 项目多是依赖政府付费或财政补贴的单体非经营性项目，或者是以 PPP 面目出现，实则是拉长版 BT，以施工思维或融资思维开展的 PPP 项目是“没有灵魂的 PPP”。开发和运营才是 PPP 模式的核心，要用开发性思维和产业思维去构建 PPP 的框架。开发性金融 PPP 是一种新型的银政企合作关系，核心是将产业资本的专业优势、金融资本的融资优势和地方政府的组织协调优势有机结合，产业资本发挥设计、建设、运营的优势，金融资本提供投融资综合服务，通过产融结合直接推动城市基础设施建设以及相关的综合土地开发、产业导入，拉动区域经济的增长。

四、开发性 PPP：区域开发组织模式的重大创新

在改革开放以来丰富的区域开发实践、大力引入推广 PPP 模式以及创新开发性金融等基础上，面对以往由政府或其平台公司推动区域开发模式所带来的债务风险、投资边际效率降低等问题，一种新的区域开发组织模式应运而生，刘尚希（2018）称之为开发性 PPP 模式。

在规范管理地方债务风险的背景下，地方政府越来越多引入此类开发性 PPP 项目。此类项目形式多样，主要包括产业新城、特色小镇、全域旅游等类型。典型案例有中信滨海新城项目、华夏幸福产业新城（详见案例研究部分）、碧桂园潼湖科技小镇等。

例如，中信汕头濠江滨海新城 PPP 是中信集团与汕头市人民政府的战略合作项目，是创新城市运营商业模式的综合性开发项目，通过政

府引导、市场主导，集成了土地整理、城市级基础设施、公建配套和城市产业投资等一系列环节。其运作模式是：汕头市政府授权濠江区政府通过公开招标程序，确定中信房地产股份有限公司为“汕头市濠江区城市运营和苏埃通道项目”主体及合作方，双方采取“股权合作”和“契约合作”相结合的模式，具体实施这一超大型综合城市开发运营项目的建设，“致力于与地方政府建立契约型 PPP 合作关系，以新型城镇化战略为目标，以资本运作为核心，以产业整合为保障，以土地运营为基础，通过超前的策划和规划引导土地整理、城市公共基础设施建设以及城市产业投资等一系列的资源整合运作，提升目标城市（区域）的功能规模和综合竞争力，从而分享城市资源和城市资产增值收益的城市综合开发运营过程”李川（2017）。

济邦咨询（2017）认为，园区开发与 PPP 模式具有天然的本质联系，公共产品属性是园区开发应用 PPP 模式的根本前提。园区开发 PPP 模式的本质是由社会力量为区域发展提供整体解决方案，社会资本利用其丰富的园区开发建设运营管理经验、资金优势与资源整合能力，实现产业规划、引导落地和聚集；政府则发挥其在政策制定、公共管理、公共资源提供等方面的优势，亦可作为公共服务的提供方为项目公司提供更加优质的公共服务与政府服务。双方通过长期契约关系，发挥各自优势，大大提升园区开发的效果与效率。

李川（2017）认为，“区域综合开发 + PPP”模式的现实意义在于以可持续发展为导向，通过政府和社会资本合作的“开发性金融 PPP 模式”应用于区域综合开发项目上，这是产融结合的最好载体，不仅通过全开发周期的融资减轻政府财政负担，更是通过金融手段将优势产业要素聚集，将公益类的基础设施建设和具备经营性的项目打包，以城市整体为单元进行策划，以“产融结合、产城融合”的思维和框架去构建。

第三节　开发性 PPP 模式的全球实践与研究比较

一、国外类似实践

从全球范围来看，政府和企业合作进行城市（区域）开发的项目案例很多。他们在具体开发方式和体制机制上各有不同，有些是典型的 PPP 模式，有些在一些方面有所不同。本书选取几个代表性项目案例，供参照和对比。

（一）英国伦敦金丝雀码头 PPP 项目

伦敦分为内外伦敦两大区域，传统的商务区集中于内伦敦核心区，集中分布于金融城（City）、中城（Mid Town）和西区（West End）。其中，金融城是最核心的商务区。道克兰位于伦敦市区向东 5 公里，占地面积 8.5 平方公里。目前，道克兰地区负责全世界大约 1/3 的外汇交易。金丝雀码头是道克兰商务区的核心区，占地面积 34.4 公顷（0.34 平方公里），建筑面积 110 余万平方米，办公物业总量占港区的约 75%。参见图 2-7。

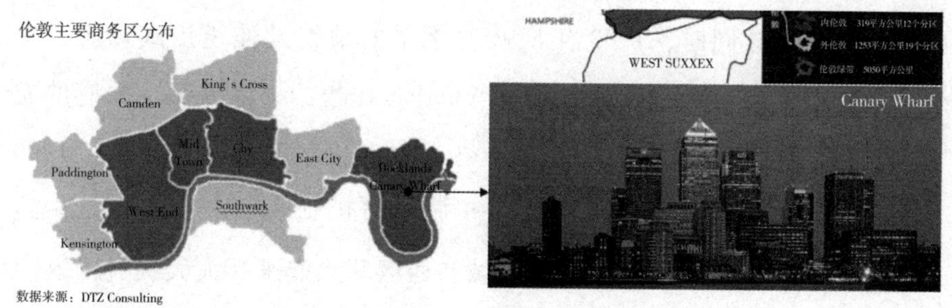

图 2-7　伦敦主要商务区分布

资料来源：戴德梁行。

金丝雀码头 PPP 项目从 1980 年代起步，英国政府为开发这一地区引入私人资本，并为此设立了“企业特区”（Enterprise Zone）。企业特区是指以提升商业投资为目的，提供一系列商业优惠政策的特定区域。企业特区的规模不等，从单个产业园到整个城市或地区。区内优惠政策包括：地方营业税减免；减收企业所得税和国家保险；对资产和地产的投资施行税收抵免或资本收益津贴；放宽规划限制，加快审批流程，加快建设速度；对投资成本予以补贴等。这些优惠政策一般具有时间限制，通常为 10 年左右。以金丝雀码头 PPP 项目为例，“企业特区政策”为吸引投资者和客户提供了支撑，区内的固定资产投资享有 10 年的地方税免税并免除所有土地建设税，同时实施相当宽松、灵活的规划控制政策。

1987 年，作为项目主体的奥林匹亚与约克公司（Olympia & York）签署了开发协议并委托美国 SOM 建筑设计公司编制了金丝雀码头的规划方案。奥林匹亚与约克公司高效地利用了企业特区政策，在 2 年内建成了 8 座高楼共 60 万平方米的办公面积。但因为客户入驻率较低以及政府负责建设的公共交通设施滞后，1992 年 5 月，奥林匹亚与约克公司正式向加拿大和美国政府寻求破产保护。1993 年，奥林匹亚与约克公司重组为金丝雀码头发展公司（Olympia & York Canary Wharf），由该公司接手开发。同时，1993 年底政府承诺的地铁延伸线正式动工，交通条件开始改善。1995 年，Canary Wharf 被出售给国际财团。政府的支持则恢复了投资者的信心，金丝雀码头的出租率开始稳步上升。1999 年，Jubilee 线 Canary Wharf 地铁站开通，DLR 延长线开通，Jubilee 线延长线开通，将金丝雀码头与金融城和西区联系起来，大大提升了这一地区的可达性，后续建设的 Crossrail 也将金丝雀码头与希斯罗机场和城市机场连接起来。在此背景下，办公楼出租率达到 99% 以上。同年，Canary Wharf Group 上市。随后，更多办公楼相继动工，办公楼面积超过 140 万平方米，就业人口达 10 万人（图 2－8）。

- 金丝雀码头曾经是伦敦东部重要的港口，随着经济转型，港区逐步没落直至关闭。1980年起，金丝雀码头开始了区域再生计划。经过30多年的建设，从一个没有任何商务基础的工业区，发展成为伦敦重要的金融商务区。

占地面积（平方米）：	约 390 000
办公面积（平方米）：	约 1 400 000
商业面积（平方米）：	约 55 000
酒店客房（间）：	约 1 000
工作人口（人）：	约 100 000
年客流量（人次）：	约 26 000 000

图 2－8　金丝雀码头更新历程

资料来源：戴德梁行。

（二）韩国仁川松岛新城 PPP 项目

韩国仁川松岛新城 PPP 项目位于韩国首尔西南 40 公里的仁川市海岸，与金丝雀码头项目类似，其规划目标为建设东北亚的商业中心。该新城位于一个占地 1 500 英亩的垃圾填埋场之上，由一座通往仁川国际机场的桥梁连接，到机场车程约 18 分钟。作为一个国际商务区，13 000 英亩（约 52 平方公里）的松岛地区被分为三个地区，其中之一形成了仁川自由经济区（FEZ）。松岛新城预计完工后将拥有约 6.5 万居民，规划建设约 930 万平方米的各类设施，其中包括 460 万平方米的办公和零售空间、330 万平方米的住宅建筑、50 万平方米的待客空间和 90 万平方米的公共空间。项目总成本最初估计为 240 亿美元，后上升至 350 亿美元（Songdo IBD，2016）。

图 2－9　松岛新城建设现状

项目于 1979 年开始建设，当时仁川市政府大力推动开发该片区。1994 年，韩国总统批准了土地分割出让该高科技公司的计划。但是，亚洲金融危机使得这一计划搁浅。此后，韩国中央政府更加急迫地寻找增长引擎，计划引入 FEZ 以吸引外国直接投资，并从以制造业为基础转变为以服务业为基础。由于该地区的土地已经被开垦，仁川市便开始寻找外国资本投资松岛新城开发项目。当时，由于所有的财政都已投入松岛地区的土地整理之中，城市政府没有资本也没有片区项目开发经验。因此，政府决定引入美国的私营企业来整体投资开发这一片区，包括基建和房地产开发。依照批准的总体规划，开展融资、建设项目，为跨国公司的经营和外国居民的生活提供良好商业环境，并可销售办公楼和住宅。为此，与金丝雀码头的政策类似，政府提供了一个优惠政策方案，包括廉价土地、改善交通、税收优惠等。

2001 年初，仁川市政府引入美国的开发商盖尔国际（Gale International）与一家韩国公司 POSCO E&C 合作，在 1 500 英亩（约 6 平方公里）的填海土地上开始着手开发。2001 年 7 月，仁川市政府为松岛新城发展签署了一份谅解备忘录。2002 年 3 月，盖尔国际（占 70.1% 股份）和 POSCO E&C（占 29.9% 股份）联合成立了项目公司，在同一天和市政府签署了土地供应协议（LSA）。这份协议界定了土地的价格及其供应计划、公共和私营部门的角色和责任（表 2－1）。

表 2－1　松岛新城项目中公共和私营部门的责任分配

	公共部门	私营部门
期望	· 创建国际商业区	· 发展机会
	· 吸引外国直接投资	· 全面的政府支持
义务	· 土地供应	· 根据总体规划和开发时间表进行开发
	· 提供基础设施和公共设施	· 外国直接投资的融资
	· 提供批准和许可	· 捐赠一些公共设施（中央公园，会议中心）
	· 将该区域指定为 FEZ	
任务	· 土地开垦和销售	· 征地
	· 基础设施和公共设施的建设	· 制定总体规划和实施计划
	· 审查和批准总体规划和实施计划	· 土地和房地产开发
	· 对 FEZs 的政策支付	· 融资
	· 监测和项目管理	· 定期进度报告

韩国的中央政府和仁川市政府都参与了项目开发。中央政府负责立法并为该地区提供 7 个有竞争力的税收优惠政策，批准 8 个相关规划，并监督项目运作。仁川市政府与私人发展商签订合同，负责提供土地，改善片区交通可达性，并提供学校等公共设施。成立于 2003 年的 IFEZA 是仁川市政府下属的组织，代表市政府与私人开发商开展谈判、进行行政审批并监督开发商的合同履约情况。在此框架下，项目开发公司开始运作，按照规划分片区依次开发。项目融资由三部分组成：第一，来自开发商的股权注资，约 2 000 万美元；第二，住宅和公寓的预售收入以及向第三方出售土地，或开发商通过特殊目的公司与其他投资商合伙；第三，前期开发的项目融资。

此后，在开发过程中，由于开发商对写字楼等经济领域的投资滞后于合同约定，韩国政府对开发商表现出失望。2010 年韩国中央政府指示仁川市从私人开发商手中回购了一些区块进行开发，并对开发商处以罚金，同时派出政府人员进入项目公司监督开发进度。2011 年，中央政府还修改了 FEZ 法律，明确如果开发商在没有正当理由的情况下推迟开发，开发商的开发权可以被取消。在一系列举措下，2009 年至 2015 年期间，松岛新城重点项目陆续建设完成，租户开始进入办公和商业场所。截止到 2015 年第三季度，建设进行了 10 年，开发计划完成一半。原本计划在 2014 年完工，后预计开发将在 2022 年完成（GIK，2015）。

（三）固安产业新城 PPP 项目

固安县毗邻北京南部的大兴区，距离天安门广场 50 公里，隶属于河北省廊坊市。2000 年左右，固安县是个典型的农业大县，县域经济没有工业支撑，人均 GDP 不足 8 800 元，财政收入仅 6 700 万元，发展水平位列廊坊市倒数第二。2002 年廊坊市政府将其选定为实现北京卫星城战略的突破口，对于固安县而言是一个重要的发展机遇。然而，这个突破口却面临着观念、资金、人才等方面的制约。正如廊坊市委常委、固安县委书记杨培苏在访谈中的回顾所说："固安确定产业新城 PPP 合作模式是 2002 年，当时也是穷则思变，作为典型农业县，固安县没有多少财政收入，难以推动地方经济的快速发展。"

当时正值中国准备加入 WTO 之际，各地政府改革风风火火，纷纷建设产业园区，大搞招商引资，这种模式刺激了地方政府间非理性的招商引资恶性竞争。面对着各种约束，当时的廊坊市采取的思路是：既然政府在招商引资商务谈判的细节上经常吃亏，而企业则一直琢磨具体的细节和利益。因此，必须尝试将这个任务开展"竞争对接"，也就是将招商引资的职能转移给市场，让"企业对企业、老板对老板、精明对精明"，以往以此来提升效率。此外，既然固安县要在缺乏财政补贴能力的条件下推动新城建设，那么传统由政府承担的公共物品供给职能也需要实现市场化，借鉴新加坡裕廊工业区、美国尔湾园区等企业投资运营开发园区的经验，可以尝试引入一家企业作为整座新城的操盘者，产业新城业务模式就在这样的背景下被创造出来。

2002 年 6 月，河北本土民营企业华夏幸福与固安县政府签订合作协议，共同打造固安产业新城。2006 年 3 月经省政府批准成为省级开发区。固安工业区总体规划面积 60 平方公里，起步区规划面积 24 平方公里，辖 34 个行政村、2 个居委会，总人口 2.5 万人。

1. 运用科学运营机制，激发开发建设活力。

"政府主导、企业运作"的运营机制，是固安工业区发展的核心动力。具体的做法是：把固安工业区作为一个整体项目来运作，运用市场经济的方法，以"政府主导、企业运作"的运营机制对固安工业区进行开发建设。由廊坊华夏房地产公司出资成立三浦威特园区建设发展有限公司作为固安工业区的投资主体，固安县人民政府与三浦威特园区建设发展有限公司签订开发合作协议，进一步明确了政府与企业的责、权、利关系。由三浦威特园区建设发展有限公司全权负责固安工业区的开发建设，同时成立固安工业区管委会作为固安县人民政府的派出机构，立足于发挥政府所独有的政治、政策、行政资源管理等方面的优势，从规划执行、辖区居民、社会秩序、公共事务、基层组织、企业监管等方面入手，担负辖区区域管理工作职责及土地征用、企业服务等中心工作。作为固安工业区开发建设的主体，三浦威特园区建设发展有限公司充分发挥企业参与市场竞争的灵活性、自主性和创新性，主要负责资金筹集、招商引资、基础设施建设、人才引进等工作，解决资金、人才、资源优化配置等难题。最终，将政府和企业彼此不可替代的两种优势整合到一起，有效解决了固安工业区建设中机制、人才、资金、服务、环境等一系列难题，创造出了 1 + 1 >2 的效果。

2. 坚持专业化招商，构筑持续发展生命线。

产业发展能力是产业新城取得成功的关键所在。首都作为全国资金、人才、项目、信息最集中的地区，固安产业新城建立之初就将招商局设在了北京，使招商引资工作自始就站在了一个较高的起点上。一是打造平台。在北京现代汽车大厦的核心商务区租用了近 2 600 平方米的办公场所，为招商人员广泛接触国内外知名企业、高层次客商打造了一个良好的平台。为进一步延伸招商触角、拓展招商领域，相继在上海、广州、深圳和德国设立了招商分局或办事处。同时，正在筹划在美国、韩国、日本设立招商办事机构。二是创建团队。组建了一支全球最大的专业化高水平招商团队，为企业投资提供咨询和初步可行性分析的投资顾问型的招商团队，划分若干专业招商团组，对重点项目集中跟进、全程追踪，并根据实际情况对跟进计划进行及时修正。三是准确定位。从地域方向来讲，招商的主攻方向就是：对内以对接京津为重点，进一步加强与京津的大企业、大集团以及科研院所的合作，承接其产业转移，同时兼顾上海、深圳等长三角、珠三角发达地区；对外主要是韩资、台资项目。

3. 实行个性化服务，提高工业区发展核心竞争力。

为提高发展核心竞争力，产业服务以个性化服务为切入点，全面提升服务项目、服务企业的水平。管委会与三浦威特园区发展建设有限公司建立了政企对接服务中心，设立了政企对接固定服务接待日、服务热线，通过不断细化丰富四个中心和一个平台的职能和服务内容，进一步打造“110”式的服务平台，全程为企业办理所需各种行政审批的手续，免费为企业提供金融中介、“一站式”服务，真正使入区企业实现了生产和生活的“双无忧”。

华夏幸福作为运营商，通过经验积累和资源整合，逐步形成了一种系统集成能力。“华夏幸福的优势不在一个点，而是一套以区域产业发展为逻辑所构建的完整生态链条，是一个综合性且即插即用的封装体系，无论是选址还是招商，亦或是融资乃至房地产，都是服务于这一整套体系的一环。”这六大服务体系分别是：规划设计、土地整理、基础设施建设、城市公共配套建设、产业发展、城市运营。

经过十多年的发展，固安高新区这一新型公私合作模式“供给”城市的探索取得了显著成效。在产业新城的带动下，固安县从一个经济发展水平落后的农业县，快速发展成为全省领先的工业强县。2017 年，该县财政收入达 98.5 亿元，相比 2002 年涨幅 147 倍，其中一般公共预算收入 41.2 亿元，由 2002 年的全省倒数 10 名上升到第 3 名，全社会固定资产投资预计完成 212.1 亿元，跻身全国县域经济发展潜力百强县第 10 位和全国县域竞争力百强县之列，城乡居民人均收入拉平相邻的北京大兴，体现出市场化改革的深刻力量。

截至 2017 年 12 月末，累计引入企业超 500 家，签约投资额近 1 400 亿元。电子信息和汽车零部件两大产业基地初步形成规模。在上级党委、政府的正确领导下，固安工业区坚持高起点规划、高标准建设、专业化招商，经过几年来的摸索实践、扎实起步的积累，已经开始进入较为快速、持续的发展轨道。

二、国内外相关文献梳理

（一）城市开发与 PPP 模式创新

PPP 的出现对传统的城市体制提出了挑战，推动了城市治理向去中心化转变（Lane，2000）。“城市企业主义”旨在推动资本积累和提升城市竞争力，作为这一趋势的伴生物，采用 PPP 模式提供基础设施和公共设施在世界范围内越来越受欢迎，同时也引发学术界的密集研究（Jessop，1997）。伴随着城市治理从管理主义走向企业主义（Managerialism to Entrepreneurialism），多种 PPP 模式被发展出来并实践（Harvey，1989）。

近几十年来，大规模城市开发项目数量激增，成为世界范围内各国国家战略的一部分（Swyngedouw，Moulaert，& Rodriguez，2002；Weikal，2008；Orueta & Fainstein，2008）。虽然这些大型项目传统上是由政府公共部门进行融资，但财政压力和新自由主义浪潮使得政府倾向于鼓励私营部门参与，更加充分利用私人资源。因此，在过去 30 年左右的时间里，公私合作策划和管理城市项目的方式越来越受到关注（Lehrer & Laidley，2008；Fainstein，2008；Orueta & Fainstein，2008；Tasan - Kok，2009；Heurkens，2012：90）。通常认为，市政设施、公共服务设施主要由公共部门融资和提供（Wu，2002）。但是，由于地方政府面临财政约束，中国开启了更为市场化的城市治理转型（Zhu，1999）。这种转向被视作城市治理变革，采用公私联合的途径推动城市发展（He and Wu 2009；Brenner 2004）。

中共十八届三中全会强调了市场的决定性作用，包括在城市发展领域，此后进一步刺激了 PPP 的发展。有学者认为，中国 PPP 模式作为项目融资流行起来主要有两大助推因素，一是地方政府高负债，二是基础设施建设需要可持续的投资（Thieriot and Dominguez 2015）。PPP 已经发展出许多不同的形式来适应中国的制度环境，为了确保实施，经常创造新的制度结构（Sagalyn，2007）。在西方学术界，Molotch（1976）关于城市增长机器（urban growth machine）的开创性论文激发了世界范围内对 PPP 模式与城市治理结构的研究（Jonas 和 Wilson 1999；Kulcsar 和 Domokos 2005；Qian 2007；Yu 2018）。PPP 模式的形式多种多样，从合资企业到外包，具体采用何种方式，则取决于公共和私营部门之间的风险分配和控制权分布（Angerer & Hammerschmid，2005；OECD，2008）。近年来人们越来越关注外包模式，实现从资产导向的商业发展转向由私营部门负责整体项目发展，将任务外包给私人部门以实现公共目标（Klijn & Teisman，2003；Heurkens，2012）。

与这一理论脉络相对应，传统上 PPP 通常用于为单独的基础设施项目融资，但是，中国涌现出的开发性 PPP 模式则非常不同。城市综合开发运营商负责大规模开发，与地方政府建立长期、密切的关系，不仅像传统的地产开发商一样工作，还负责城市规划、产业发展、招商引资及公共物品和服务的提供。

与此相对，尽管美国已经实施了数以千计的 PPP 项目，范围从单一项目开发到大规模的综合开发都有，但许多美国学者，尤其是学术界左翼人士，陷入了一种对其政治意义的争论。PPP 模式被视作是公共和私营部门间关系的重构，有研究也提出，PPP 项目需要对私营企业进行公共补贴，会导致更高的公共产品用户费用，并淡化了社会公平（Ghere 1996；Miraftab 2004）。Ridno's（2003）甚至提出，“公共部门已经变成了私人部门利润的婢女”。另外一些批评者提出，PPP 模式会通过限制公民参与而妨碍公共问责机制，并最终侵蚀民主政治的前景（Elwood 2004；Davies 2007）。然而，这些抽象的讨论很少对实际案例中的公私部门风险与回报进行实证研究，因而对于更好地理解 PPP 项目特别是城市综合开发 PPP 项目没有多少洞见。正如 Sagalyn（2007）所言，“大多数作者只是坚持一个观点，而不是花时间做仔细的案例研究。”

与美国情况不同，欧洲学者更关注 PPP 在实践中的动态过程。一些学者从制度的视角，对具体的案例中的合作关系、力量关系进行细致研究（Hastings 1999；Adams and Hastings 2001）。一些研究对城市更新 PPP 项目中公私合作的冲突与局限性进行实证分析（Lawless 1994；Diamond 2002；Guy、Henneberry 和 Rowley 2002）。尽管有相当的深度，但许多欧洲文献关注于 PPP 项目的实行过程，却忽略了对结果与产出的评估。由于很难获得具体的商业文书（这些资料并没有公共披露的义务），对于 PPP 项目的融资和风险分配安排方面的文献必然非常缺乏，而这些内容是 PPP 模式的核心，导致文献中对交易谈判、实施挑战以及实际的回报等相关细节引用甚少。

此外，国外大多数实证研究关注单个项目，如基础设施项目（Grant 和 Curan 2007；Siemiatycki 2009）、商业和住房开发（Weber、Bhatta 和 Merriman 2003）以及社区更新（Imrie、Thomas 和 Marshall 1995），尽管全世界的大型项目数量不断增加，但关于此类项目的公私部门互动的实际收益和挑战的文献甚少。Kim and Choi（2018）认为，与单一项目相比，大规模综合开发不可避免地需要更大的资本投资和更长的开发周期，这对合作关系造成更大的风险。因此，Heurkens（2012）认为，以私营部门主导发展为特征的特许权模式“不适用于复杂的城市区域开发项目”。

Kim and Choi（2018）对韩国松岛新城项目进行了实证研究，研究认为由于公私合作的困难，越来越多的实践尝试将公共部门和私营部分的角色进行分离，将项目整体外包。由公共部门设定一系列要求，城市发展转而由私营部门领导，发展任务、风险、责任也相应转移给私营部门。但通过对“据称是世界上最大的私营部门领导的城市发展案例韩国松岛新城”的研究发现，现实与理论假设有偏差，因为项目规模巨大、存续时间长，同时韩国政府与商业部门之间存在强烈的等级关系，该项目对公共部门的挑战不明显，但对私营部门非常明显，未能取得理想结果。

（二）区域综合开发 PPP 模式研究

如上所述，国际上关于城市综合开发类 PPP 项目的文献较少，而伴随着国内开发性 PPP 项目的增多，中国学者对此问题的研究逐步增多。

上海济邦投资咨询有限公司（2017）出版的《园区开发 PPP 模式蓝皮书》对国内园区类 PPP 模式进行了梳理，分析了园区开发类 PPP 模式出现的背景、适用性以及运行要素。

王宁（2018）研究了 PPP 模式应用于产业新城的相关问题，认为将 PPP 模式应用于产业新城既是我国经济形势和新型城镇化发展的必然趋势，也是缓解地方政府财政紧张，完善公共基础设施和公共服务的重要举措。以固安产业新城为案例，分析了应用流程、社会资本的选择、政策优惠机制、付费模式、产权归属和风险机制。

郑灵辉（2018）认为，城市区域综合开发具有规模体量、投入巨大的特点。传统的城市开发模式面临着融资困难、开发效率低下以及管理运营能力不足等问题。将 PPP 模式引入城市区域综合开发，能有效应对种种挑战。但是城市区域综合开发 PPP 项目比传统单一的 PPP 项目更为复杂，对项目的运作实施要求也更高，项目前期决策与策划过程尤为重要，关乎项目能否成功。

刘阳晨（2018）尝试从理论上探讨 PPP 模式对城市公共物品有效供给的意义，认为我国城市公共物品供给机制存在思想观念滞后、法律制度不健全等问题。

武艳（2018）认为，由于产业新城的建设周期长，资金投入量大，政府财政压力巨大，PPP 模式以其独特的优势被引入产业新城建设中，使财政压力转移到社会资本，因此该模式受到地方政府的极大关注。

黄沙沙（2018）认为，我国产业地产进入了快速发展期，但目前产业地产面临着缺乏统一规划，以产业之名、行地产之实，盈利点单一，融资难等一系列问题。通过研究华夏幸福产业新城模式，详细分析华夏幸福在各个阶段中区位拓展、服务内容、运作模式以及盈利机制等开发运作层面的内容，进而与宏泰发展、张江高科进行横向比较，总结了华夏幸福开发运作模式中的 3 个核心点（即区位选择、产业发展服务、资本运作），认为该模式对已有的开发商或运营商具有很强的启示作用。

国内还有学者对 PPP 模式应用于土地综合开发、地铁综合开发、更大尺度的“一带一路”基础设施公共服务供给等进行了研究。

戚宏彬（2017）梳理了土地整治 PPP 模式的进展，认为现阶段学者们对土地整治 PPP 模式的研究也取得了阶段性的成果，无论是 PPP 方面的理论研究，还是具体项目的实证分析，都进行有了较为完备的思考。

李文典（2018）分析了土地储备综合开发项目的传统政企合作模式、增值收益分成模式和片区综合开发运营模式等逐步走向 PPP 发展过程中的运作模式，对土地储备综合开发 PPP 项目政府和社会资本合作内容、项目收益来源、收益实现风险、收益分配方式等收益模式中的关键性内容进行了详细分析。

于政（2018）对综合管廊与地铁综合开发 PPP 模式进行了研究，认为引入社会资本建设综合开发项目可以有效解决综合开发项目融资难题。综合开发 PPP 项目可选择两种典型的运作模式：一是社会资本控股、分别组建项目公司的 PPP 运作模式；二是社会资本控股、地铁集团作为唯一出资代表的 PPP 模式。综合开发 PPP 项目中，管廊的投资回收宜采用“使用者付费 + 可行性缺口补助”的方式，地铁项目投资宜采用“政府资金支持 + 资产支持”的回报模式。

张鹏飞（2018）认为，“一带一路”沿线亚洲地区，大部分国家因面临财政赤字而不断收紧财政预算，国际多边开发性金融机构提供资金有限，而规模庞大的社会资本具备弥补“一带一路”亚洲国家基础设施建设缺口的潜在优势。PPP 模式是社会资本参与“一带一路”亚洲国家基础设施建设的最理想模式，推动相关投资需要由基础设施先行向基础设施和产业发展并重转变、由区域融资供给向全球资金供给转变以及由基础设施供给向高级制度供给转变等。

三、中外开发性 PPP 项目异同

通过上述理论与案例的梳理可见，中外皆有 PPP 模式应用于大型综合开发项目的实践，相同之处在于规模巨大、符合 PPP 的一般运行规则。同时，中外类似实践也呈现出比较明显的差异，主要有四点：

第一，区位差异。国外综合开发 PPP 项目通常位于经济发达的城市及地区，因此其带动后发区域发展的“开发”特性相对较弱，而中国的开发性 PPP 项目许多位于后发地区，特别是县域地区，具有相对更强的“开发”属性。

第二，规模差异。从数量上来看，国外类似项目在某一国家内数量有限，而根据财政部 PPP 综合信息平台项目管理库数据，截至 2018 年第三季度末，管理库内累计城镇综合开发项目约 521 个，投资总额约 16 502 亿元。如果放松口径，加入特色小镇、园区开发、全域旅游等相关项目，数量应该在 1 000 个以上。从单体规模看，以国外大型综合开发项目金丝雀码头片区为例，其占地面积为 0. 34 平方公里。国外文献中“据称是世界上最大的私营部门领导的城市发展案例——韩国松岛新城”其委托开发面积为 6 平方公里，而中国的产业新城、特色小镇等项目少则数平方公里，大则数十平方公里，规模尺度明显大于国外类似项目。

第三，产业业态。目前国外较成熟的综合开发项目，仍以金丝雀码头项目以及松岛新城项目为例，其主要产业业态以国际化高端商务办公为主。而中国的开发性 PPP 项目则多以实体产业为主，功能上更为综合，产业新城几乎构成完整的城市级功能体系。

第四，激励机制。从国外文献看，类似项目的 PPP 协议中约定相对固定的彼此权利和义务，在实行过程中随着现实情况变化经常遇到项目停滞，从而必须重组主体或更改合约的情况。本质上讲，产生这样问题的根源是合约天然存在的不完全性，无法实现约定所有情况，这样的合约比较“平面化”。而中国的开发性 PPP 实践在合约安排中重构了激励相容机制，构建了对地方财政的“造血机制”，对于私人资本而言则设计了“增量取酬”的机制，从而既能化解地方债务风险，又能将私人资本和地方的发展利益更紧密结合在一起，用更为“立体化”的合约安排来处理合约的不完全性，这样的机制创新体现出独特的制度背景与实践智慧。

第三章 开发性 PPP 模式的涵义、类别和特征

第一节 开发性 PPP 模式的基本概念

毋庸置疑，开发性 PPP 属于 PPP，符合 PPP 的一般特征，比如：政府和社会资本之间本着风险共担、利益共享的原则，在一定的合作期限内，基于基础设施和公共服务领域建立平等且长期契约关系，共同为社会大众提供基础设施和公共服务，且社会资本的投资回报和绩效挂钩，其运作方式、交易结构以及社会资本采购与一般 PPP 无异。

然而，随着新型城镇化和新型工业化“两化”不断推进以及优化供给侧结构性改革的深入，妥善解决“促发展”与“防风险”已是当下各级政府所面临的一个问题，各种诸如产业新城类、片区开发类以及特色小镇类等带产业或者开发类的 PPP 项目不断涌现，而且各个类型的 PPP 的运作方式、交易结构、回报机制以及风险分配上不尽相同。为此，统一类似 PPP 项目模式应运而生，开发性 PPP 的理论研究也就很要必要。

我们将开发性 PPP 的概念定义如下：开发性 PPP 模式是指以实现区域可持续发展为目标，政府和社会资本建立长期合作关系，提供以产业开发为核心的基础设施和城市运营等综合开发服务，社会资本承担主要管理责任和显著风险，投资回报来自新增财政收入，并与绩效挂钩，实现激励相容。

开发性 PPP 的核心内涵主要包括以下几个方面：

第一，开发性 PPP 是可持续 PPP，目的是推动区域经济、社会、生态可持续发展。培育高端产业集群，打造现代产业体系，推动区域结构转型升级，实现区域经济长期、稳定发展；给社会公众（包括企业和个人）提供包括医疗、教育等优质、覆盖面广的公共产品和服务，改善城市居民生活；通过综合开发发挥出环境的积极效应，如建设公园、绿地、污水处理等设施，改善区域生态环境。

第二，开发性 PPP 是赋能型 PPP，通过提供整体解决方案，培育区域发展能力。开发性 PPP 不是各种单体 PPP 项目的简单捆绑，也不是简单的一个产业和一个城市的基础设施建设，而是整个片区或者整个行政区域的整体规划、产业开发、资源开发整合及各要素集成，实现 1 + 1 >2。开发性 PPP 通过提供规划设计、土地整理、基础设施建设、公共配套建设、产业发展服务、城市运营的整体解决方案，补齐区域发展中面临的资金、人才、产业、机制短板，为合作区域赋能，提升区域发展能力。

第三，开发性 PPP 是自我造血 PPP，通过整合要素资源，提升区域发展价值，实现自我造血。开发性 PPP 以产业发展为核心，将土地、基础设施、公共配套设施、人力资源等要素有效纳入生产体系，将生产要素的潜在生产功能转化为现实生产力，创造增量财富和价值，带动区域经济社会发展和财政收入增长，社会资本通过专业化运营从增量财政收入中获得长期、稳定、合理的投资回报。

第四，开发性 PPP 是风险分担 PPP，运营风险由社会资本承担，不产生政府债务风险。开发性 PPP 按绩效付费，运营风险由社会资本承担，政府支付社会资本的回报以新增地方财政收入的一定比例为限，合作期限到期后，新增财政收入不足以支付服务费的，依照合同约定政府不再承担该部分支付责任，从根本上规避和减少了政府债务风险；同时，项目公司按照市场化融资，所有债务由项目公司清偿，政府与资金提供方不发生任何联系，也不会因担保等产生隐性债务。

第二节 开发性 PPP 模式的基本属性

一、开发性 PPP 具有传统 PPP 的一般属性

开发性 PPP 从合作内容、基本运作模式、风险分担等方面，都具有传统 PPP 的一般属性。

（一）合作内容：提供公共服务

传统 PPP 模式的合作内容主要涉及交通、水务、垃圾处理、能源、市政等基础设施和公用事业领域，开发性 PPP 模式是在传统合作内容基础之上，提供以产业开发服务为核心，兼顾土地综合开发、基础设施和公共服务配套等各类公共服务。

首先，PPP 始终致力于城市基础设施和公共服务，开发性 PPP 也不例外。正如一个纯招商引资的项目，含有产业，但我们却不能把它称之为"开发性 PPP 项目"。因为开发性 PPP 项目首先是一个 PPP 项目，必须符合 PPP 的一般特征，须符合国家制定的 PPP 基本范围的划定的相关规定，不得将不适合以 PPP 模式运作的项目纳入开发性 PPP 实施范围。

其次，开发性 PPP 除了一般的基础设施建设以及公共服务外，更强调的是围绕产业开发这个核心要素，整合区域内的各个土地、环境等要素，为产业开发建设相关配套的基础设施，把基础设施建设与产业规划和产业配套同步推进，避免时间、空间错配造成的成本增加和浪费损失。

（二）政府与社会资本之间建立长期合作关系

从基本思路来看，PPP 是在基础设施及公共服务领域，由政府与社会资本建立的一种长期合作关系，旨在增强公共产品及服务供给能力，提高供给效率。开发性 PPP 同样遵循这一基本思路，在对特定区域进行综合开发的过程中，政府与社会资本形成“共治、共建、共担、共享”的发展共同体，同样强调双方之间的风险分担和利益共享，遵循物有所值和财政可承受原则；旨在激发社会资本推动城市化进程以及利用市场力量提升公共物品的供给效率，平滑政府的财政支出责任，更好地满足人民群众对美好生活的需要。

从合作理念来看，PPP 强调的是政府与社会资本之间的平等合作，双方的法律地位平等、权利义务对等，在充分协商、互利互惠的基础上订立合同，并依法平等地主张合同权利、履行合同义务。在开发性 PPP 模式下，政府与社会资本形成的是更加紧密的平等、共治关系，在更大范围内统筹各类项目开展深度合作，包括对整体区域进行统筹规划和有序开发。在此过程中，政府通过构建多方位绩效评价体系，并根据考核结果，在增量财政收入的地方留存部分中安排支付社会资本方的产业服务费。这种合作模式既有效降低了开发成本和运营风险，又有利于提升公共设施建设和公共服务供给的质量与效率。

总的来说，开发性 PPP 模式通过契约的优化，创新了以整体合作开发为特征的公共物品供给模式，有效解决了空间错配和时间错配的问题，能实现一定区域内土地、政策、资金、技术、企业才能等多类要素资源的优化配置和整合，达到“产业集聚、经济增长、就业增加、社会发展”等多项综合目标。这不仅需要政府在土地整理、基础设施建设、战略规划、公共服务等方面提供支撑；也需要社会资本方具备良好的产业理解能力、开发建设能力、产业培育集聚能力、资产管理能力以及区域运营管理能力。因此，在开发性 PPP 项目中，政府与社会资本应从区域经济发展的战略高度出发，因地制宜地设计解决方案，并发挥各自优势，长期、持续、有节奏地开展公共服务供给和产业集群的打造。这正是开发性 PPP 的本真要义，也是其得以有效运用的前提和基础。

（三）风险在社会资本和政府间合理分配

PPP 的核心原则就是风险共担、收益共享。开发性 PPP 也不例外。对风险最有控制力（包括控制成本最低）的一方应承担相应的风险，同时承担的风险程度与所获回报相匹配。在 PPP 项目的实施过程中，既要在政府和社会资本之间合理分配项目风险，实现公共服务供给效率和资金使用效益的有效提升，又要在设置合作期限、方式和投资回报机制时，统筹考虑社会资本方的合理收益预期、政府的财政承受能力以及使用者的实际支付能力，避免任何一方因此过分受损或超额获益。

一般来说，政策和法律变更风险、政治风险由政府方承担，建设运营融资风险由项目公司承担。除了上述一般风险外，开发性 PPP 的社会资本比传统 PPP 要承担更多的财务风险。开发性 PPP 项目能够形成一个投资与回报的自我循环机制，社会资本的投资回报就来源于该区域内产生的价值，而无需政府以既有财政为基础进行支付，大大减轻了政府财政风险。即使政府需要将政府付费纳入每年的预算，但政府当年支付的金额是以合作区域内新增财力地方留成的一定比例为限，不足部分，可顺延下一年支付，这与传统项目性 PPP 模式中缺口部分财政刚性补足有本质区别。

（四）投资回报与绩效挂钩

《关于规范政府和社会资本合作（PPP）综合信息平台项目库管理

的通知》（财办金〔2017〕92 号）中关于“严格新项目入库标准”中提出：“未建立按效付费机制。包括通过政府付费或可行性缺口补助方式获得回报，但未建立与项目产出绩效相挂钩的付费机制的”“项目建设成本不参与绩效考核，或实际与绩效考核结果挂钩部分占比不足30%，固化政府支出责任的”将不得入库。可见，按效付费已经是 PPP 项目，尤其是政府付费项目的一项刚性要求。开发性 PPP 项目也不例外，政府的可行性缺口补助以及公共服务的收入须与开发性 PPP 项目产业开发绩效考核结果、基础设施以及公共服务运营维护绩效挂钩。

然而，在绩效考核指标以及考核方式上，开发性 PPP 项目仍有区别于普通 PPP 之处。开发性 PPP 是一个综合性的 PPP 项目，既有产业开发，也有基础设施和公共服务项目，而且开发性 PPP 项目的财务风险基本上由社会资本承担。在这样的风险分担安排下，还存在如下事实：除了公共服务类的诸如有稳定现金流的供水、供电、供气等，其他如文化旅游、养老、特色小镇等项目，即使是行业龙头，仍然不能保证持续的盈利。因此，在这种开发性 PPP 项目中，如何设定“绩效考核指标”，将成为一个棘手的难题。如果用“一刀切”的方式，必然损害投资人的积极性以及项目的可融资性。

二、兼有产业开发和城镇综合开发融合发展的“开发性”属性

首先，提及开发，让人很容易联想到“西部大开发”或者“北大荒开发”等名词，因此，开发性 PPP 中的“开发”必须包含对既有资源的开发。资源开发不是说对矿物资源、石油天然气等的开发，而是地理空间开发和既有环境的开发与整合。例如，土地的综合开发和高效利用、旅游资源开发等。其次，开发性 PPP 既然是为了促进新兴城镇化和新型工业化，就离不开对产业的开发，新型城镇化的本质就是产城融

合。而且“开发性”在字面意思上可以等同于“发展”，既然要发展，就离不开产业开发。只有通过产业开发，带动区域就业、产值、税收的提升，才能称之为“发展”。

（一）以产业开发为核心

产业发展服务是开发性 PPP 项目的核心和重点，它包括准公共类的产业运营（如旅游等特色产业）和非公共类产业的导入和发展服务（如制造业投资和经营等）。根据 PPP 基本理念，不在政府事权范围内的产业投资是不能进入 PPP 投资范围内的。旅游产业属于准公共产品性产业，因此旅游产业投资可以直接进入 PPP 项目投资范围。住宅和商业地产开发、制造业投资等属于私人产品性质产业，它不能直接进入 PPP 投资范围，但产业招商、导入和发展服务属于地方政府事权范围，可以由地方政府通过政府购买服务方式支付给社会资本提供产业开发及导入服务的对价。

总体来说，开发性 PPP 模式中的产业开发是指能够为区域发展带来可预算的现金流，并带动该地区经济可持续发展的产业。从城市经济学的角度看，它属于城市基础部门，生产的产品和服务不以本地市场为根本的产业。

在传统 PPP 模式下，产业培育仍是地方政府特别是招商部门的重要职责。由于政府官员的“任期激励”以及专业招商人员的不足，产业规划、导入及培育往往缺乏系统性、科学性和可持续性，一些项目的后续运营、维护和管理面临高度的不确定性和风险，容易出现管理的非专业和政府治理的低效率。在开发性 PPP 模式下，社会资本方除承担规划设计、工程施工、运营维护等传统职能以外，还需导入和培育特定产业，以有效提升土地价值，培育长期稳定税源，构造产城融合的区域可持续发展模式；同时也是社会资本方获取合理收益的重要途径。可以说，开发性 PPP 模式是包括基础设施建设、公共服务供给以及产业开发服务等内容的整体式外包合作方式，是“产城融合”的整体开发建设机制和区域经济发展的综合性解决方案。其中，社会资本获取投资回报的主要途径是优势产业的导入与后续管理，这要求社会资本方必须是专业的产业运营商，能有效解决项目高效运营和政府有效治理有机结合的难题，实现项目的“全周期服务”。与传统招商引资相比，社会资本方对当地产业有科学规划与深入研究，具备更好的产业培育和跟踪服务能力，通过对产业资源的合理开发利用，能帮助企业节约运营成本并提高投资效率，突显产业集聚效应。随着产业集聚程度的提升以及产业链条的延伸，区域内吸纳的企业数量和质量必将持续增长，这也会为社会资本方获取产业服务收入提供重要支撑。从组织学角度来看，开发性 PPP 创造了一种新的组织实施模式，即，围绕产城融合这一目标，科学组织政府与社会资本方的分工合作，实现了公益性与经营性项目的统筹平衡，促进了有效市场和有为政府的有机结合。

开发性 PPP 模式在空间开发的基础上，会通过招商引资、产业孵化等各种产业导入和发展服务模式，在合作区域内进行有针对性的、持续的跟踪服务，确保引入的产业能够与当地实际产业结构相配套，能够带动当地的产业升级，并最终提升就业率和人的价值。这一系列有效、持续的产业导入和发展服务包括：合作区域内产业定位和发展规划咨询服务；促进产业结构升级的产业导入和发展服务；与当地存量资源配置能够有机结合起来的产业链价值增值服务，包括引入企业类型、增加投资落地、创造税收、促进就业等全方面招商引资相关服务，等等。产业的引入、运营和发展，覆盖了园区发展的全生命周期，以期实现区域产业、经济、社会的全面、综合、可持续发展。

（二）土地综合利用是开发性 PPP 的重要属性特征

土地资源的盘活和有效利用是新型城镇化的重要内容，也是开发性

PPP 模式的重要内容。土地公有制是中国的基本国情，土地也是地方政府最重要的资源。土地不仅是城镇化和空间开发的基本载体，还是地方政府手中最重要的财政和金融资源。开发性 PPP 模式也是土地利用、城镇开发和产业开发等结合起来的综合开发模式。

在传统 PPP 模式中，土地利用一般仅是作为公共基础设施单体项目用地，项目用地绝大部分是以划拨方式来满足公共项目用地需要，出让用地占比一般较低。但在开发性 PPP 模式中，土地利用不仅用于单体基础设施项目，还可作为城镇综合开发和产业开发的载体。此外，由于涉及大量土地整理和出让，土地还可以作为地方政府财政资源，在项目中直接用于弥补基础设施和产业开发资金的不足。

在城市综合开发类开发性 PPP 项目中，如产业新城 PPP、园区类开发性 PPP 和特色小镇开发性 PPP，一般都会或多或少涉及土地整理服务，包括拆迁安置和土地前期建设等。

我国关于土地归国家和集体所有的规定，赋予了地方政府对土地进行统筹规划和集中开发的能力，这正是开发性 PPP 模式得以广泛运用的基础前提。在我国现行的政策背景下，土地和开发性 PPP 模式具有天然存在、不可分割的关系，它既是 PPP 项目实施的载体，也是投资的组成部分，还是融资的重要依托，更是还款和付费的来源及保障。而土地供给必须符合土地利用整体规划和年度用地计划。对于社会资本方而言，必须充分考虑土地供给与产业开发的有效匹配，以及不同用地性质对 PPP 项目实施模式选择的影响。比如，商业、旅游、娱乐、住宅、工业等项目土地使用权需要通过招拍挂方式出让，对于该类土地上的建设项目，不能直接选择 TOT、BOO 等需要由社会资本获得项目所有权的实施模式；而我国城市基础设施用地，公益事业用地，国家重点扶持的能源、交通、水利等基础设施用地，经政府部门批准，可以以划拨方式取得；该类土地上附着的项目，则可以选择 TOT、ROT、BOO 等需要由社会资本获得项目所有权的实施模式。目前，在一些开发性 PPP 项目中，社会资本方通常与政府指定的土地储备机构合作，参与部分土地整理投资，实现对土地资源的高效利用。

三、区域综合性开发是开发性 PPP 模式的重要属性

开发性 PPP 是综合性的 PPP。首先，综合不是各种单体 PPP 项目的简单捆绑，也不是简单的一个产业和一个城市的基础设施建设，而是整个片区或者整个行政区域的整体规划、产业开发、资源开发整合及各要素集成，实现 1 + 1 > 2。其次，开发性 PPP 是以产业开发为核心的 PPP，产业开发是开发性 PPP 的必备内容。

传统 PPP 模式以单体项目或同类项目打包为主，可简单划分为纯公益性、准公益性两大类型。而开发性 PPP 模式针对的是整个片区的开发建设，具有投资额大、周期长、子项目类型多样等特征，社会资本方与地方政府签订综合开发协议，既负责大量不具备投资收益能力的公益类基础设施和公共服务设施建设，又承担具有一定经营性收益的准公共产品项目的建设运营。在具体项目的实施过程中，无论是土地整理、征地拆迁、土地获取，还是产业导入、付费机制、财务能力，各个环节都蕴藏实施风险，需要政府与社会资本方建立健全风险治理机制和争议解决机制。因此，开发性 PPP 项目通常不再局限于局部或短期效益，而是更加注重整体效益的实现和系统风险的防控。

开发性 PPP 主要针对片区综合开发项目，以提供产业开发服务为核心、兼顾土地综合开发、基础设施和公共服务配套等综合性、系统性的区域发展解决方案，旨在破解区域发展过程中的硬件模块建设、软件系统集成等问题，体现高效率、低成本、一体化、系统化等特征，实现公益性与经营性的统筹平衡。

在开发性 PPP 模式下，政府将区域范围内土地整理、基础设施和公共服务建设运营作为整体进行打包委托，社会资本企业通过采购程序一次性获得区域范围内土地整理和基础设施建设的特许经营权和项目主体资格，根据 PPP 协议完成建设、开发和运营任务。开发性 PPP 项目包含了多个单体项目，合作区域土地面积广阔，投资数额较大，合作周期长。为了加强项目全生命周期内产城融合和资源整合，开发性 PPP 项目一般采取整体打包和综合开发的开发模式，即将规划设计、土地整理、城镇基础设施建设、产业发展服务一次性整体打包进行委托，对各不同类型子项目、不同内容的服务进行综合开发；不同子项目的付费机制也可以有机结合，可以建立更好的激励机制和风险分担机制。

四、区域可持续发展目标是开发性 PPP 模式的重要属性

可持续发展是以产业导入、自平衡为基础的，只有通过引入一个带有“造血”机制的产业，带动区域内的就业、人口、税收的增长，才能实现自平衡，从而形成一个相对独立的闭环，最终实现经济可持续发展。可持续发展是科学发展观的基本要求，不仅经济上要可持续，而且经济、社会、资源和环境保护等方面也要协调发展。它们是一个密不可分的系统，既要达到发展经济的目的，又要保护好人类赖以生存的自然资源和环境，使子孙后代能够永续发展和安居乐业。

首先，经济的发展作为可持续的发展的先导和物质基础。通过产业的导入，直接拉动区域内的就业、税收，经济总量自然上涨。其次，人口可持续发展是可持续发展的根本，人口发展不仅仅是人口数量的净流入，还包含高端人才的引入，人才是经济可持续发展的根本动力。即开发性 PPP 项目通过产业导入以及公共服务的完善，引进高端人才、带动就业，通过公共服务完善，让通过产业导入带动人口定居，最终形成

可持续发展。最后，通过基础设施完善以及自然环境保护和资源开发，也将促进生态的可持续发展。

第三节　开发性 PPP 的典型模式

一、开发性 PPP 典型模式

有别于传统单体 PPP 项目，开发性 PPP 项目从产业形态特征和内涵特征都有所不同：从产业形态看，开发性 PPP 项目都具有产城融合发展和区域综合开发的特征；从内涵特征看，一般都具有自我造血机制和可持续发展能力。我们结合国内各地开发性 PPP 的应用实践，从产业形态来划分，开发性 PPP 的典型模式可以分为四类：产业新城 PPP、园区开发 PPP、特色小镇 PPP、全域旅游 PPP。这四类形态的开发性 PPP 项目都具有产城融合发展和区域综合开发的特征，但自我造血和可持续发展能力的表现有强有弱、各有不同。

第一类：产业新城 PPP。所谓产业新城是指在城市主城区之外，以产业为先导、以城市为依托，建设产业高度聚集、城市功能完善、生态环境优美的新城区。目前，产业新城 PPP 已是推动地方产业转型升级的动力引擎。

第二类：以产业开发服务为核心的园区（片区）开发 PPP。所谓园区（片区）开发是指用于集中开发建设、发展产业，进而推动区域经济和社会全面发展的特定区域的开发。[①]

第三类：特色小镇 PPP。主要表现为坚持特色产业、旅游产业两大发展主线，建设具有明确产业定位、文化内涵、旅游特征和一定社区功

① 上海济邦投资咨询有限公司：《园区开发 PPP 蓝皮书》，经济日报出版社，2017 年 9 月版。

能的综合开发项目。目前主要分为两类：一是产业特色小镇，二是文旅特色小镇。首先，形态上，它可以是建制镇，也可以是风景区、综合体等。其次，特色小镇是一个产业的空间载体。因此，特色小镇的建设，须与支撑其发展的特色产业的规划统筹相结合。同时，特色小镇以居民为主体，强调的是特色产业与新型城镇化、城乡统筹的结合，是一种产业与城镇建设有机互动的发展模式。

第四类：全域旅游 PPP。2018 年 3 月，国务院办公厅印发《关于促进全域旅游发展的指导意见》，全域旅游是指“将一定区域作为完整旅游目的地，以旅游业为优势产业，统一规划布局、优化公共服务、推进产业融合、加强综合管理、实施系统营销”，实现区域资源有机整合、产业融合发展、社会共建共享，以旅游业带动和促进经济社会协调发展的一种新的区域协调发展理念和模式。

在上述众多模式中，我们重点研究开发性 PPP 模式的两种典型形态：产业新城模式和特色小镇模式。

（一）开发性典型模式一：产业新城

1. 产业新城模式的发展历程。

2018 年恰逢中国改革开放 40 周年。40 年来，中国的经济发展取得累累硕果。这一经济“奇迹”同时也体现在产业园区的规模和质量上。在经济持续高速发展和转型升级的背景下，园区逐步从承接发达经济体的产业转型的工业开发区转向以产业转型和消费升级为主的产业新城，在不同的经济发展阶段迭代出不同的园区形态以适应经济发展。

随着改革开放的起步、发展和深入，园区形态的具体形态，从初期的工业开发区发展到目前的产业新城，也经历了四个阶段。第一阶段（1978—1991 年）：改革开放起步期，主要表现形式是各种类型的承接转型产业的低端制造业加工基地。第二阶段（1992—2001 年）：从邓小平南方谈话至中国加入 WTO 之前，兴起很多高新产业园区。第三阶段（2002—2008 年）：在加入世贸组织后，中国成为世界工厂，产业园区的规模持续快速发展。第四阶段（2009 至今）：金融危机之后，在大规模基础设施建设和城镇化进程的背景下，随着经济结构的战略性调整，我国传统的以"产业"为主导的产业、工业园区正在向"产城一体化"的综合性产业新城转变。见表 3－1。

表 3－1　　我国产业新城发展阶段一览

	第一阶段	第二阶段	第三阶段	第四阶段
时间范围	1978—1991 年	1992—2000 年	2001—2008 年	2009 年至今
主要事件	改革开放，开放经济特区，创建工业开发区	邓小平南方谈话，高新技术产业开发区兴起	加入 WTO，世界工厂形成，国际竞争加剧	积极稳妥推进城镇化，实施创新驱动发展战略
代表项目	深圳蛇口工业园	中关村科技园区、深圳科技工业园、苏州工业园	上海张江高新区、广州经济技术开发区、武汉东湖高新	河北固安工业园区、江苏溧水产业新城
代表园区发展特点	初期依托特殊政策和香港出口加工基地转移的时机，发展成以外资（港资）企业为主的低端制造业加工基地	开拓发展高新技术产业，打造集生产、科研、教育于一体的综合基地	依靠其内生动力和技术创新，实现产业升级，打造结构和功能复合化、立体化的产业园区	复合规划各大功能区域，使各区域之间混合生长、协同发展，生产和生活有机结合，形成一个现代化的产业新城

2015 年 7 月，国家发展改革委发布《关于开展产城融合示范区建设有关工作的通知》（发改办地区〔2015〕2076 号），提出"依托现有

产业园区，在促进产业集聚、加快产业发展的同时，顺应发展规律，因势利导，按照产城融合发展的理念，加快产业园区从单一的生产型园区经济向综合型城市经济转型，发展成为产业发展基础较好、城市服务功能完善、边界相对明晰的城市综合功能区。”党的十九大报告中也提出“实施区域协调发展战略，以城市群为主体构建大中小城市和小城镇协调发展的城镇格局。”产业新城模式有助于优化产业结构，进一步推动新型城镇化建设，加速我国经济结构调整，最终实现区域协同、协调发展。

2. 产业新城模式概述。

产业新城模式是指为促进某一产业发展的目标而创立的特殊区位环境，是区域经济发展、产业调整升级的重要空间聚集形式。产业新城是以城市为基础，通过共享资源、克服负外部效应，带动关联产业的发展，驱动城市更新和完善服务配套，以达到产业、城市、人口之间有力融合，从而使城市保持活力、持续向上发展的新型区域综合开发模式。产业新城作为工业化、城市化发展到成熟期所衍生出来的新生事物，既保留了传统片区开发建设完善的基础设施与公共服务的优点，也弥补了其缺乏核心支撑产业的不足，从单一的片区开发、生产型园区转变为集“生产、生活、服务”等多功能为一体的宜居新城。

产业新城一般属于城市行政区划范畴，占地面积较大、产业导入较多，最终达到产业与城市融合，实现规模经济及空间优化配置。在产业新城发展的过程中，先后出现了“1.0 产融结合”和“2.0 产城融合”两个阶段。

首先，出现的是 1.0 版本“产融结合”。产融结合是产业资本与金融资本紧密结合。产业资本发展到一定程度，必然寻求经营多元化、资本虚拟化，从而提升资本运营档次。1.0 版本产融结合是产业资本与金融资本间的资本联系、信贷联系和资产证券化（股票、债券、抵押贷款或实物资产的证券化），以及由此产生的人力资本结合、信息共享等的总和。

其次，在产融有效结合的基础上，迭代出 2.0 版本“产城融合”。产城融合由资本融资向产业功能转变，将产业发展同城市发展相结合，形成一定区域内完善的城市公共服务功能及形态，实现城市化与产业化融合发展。产城融合是在我国转型升级的背景下相对于产城分离提出的一种发展思路。要求产业与城市功能融合、空间整合，“以产促城，以城兴产，产城融合”。城市建设与发展的一切核心是人。城市的形成源于人口的聚集，人口的聚集带来分工深化、收入提升、消费升级，进而带动以公共服务为导向的基础设施的聚集。

在“产城融合”的背景下，产业新城模式强调产业和城市的可持续性融合。即以产业的可持续性发展为目标，构建城市的相对竞争优势，进而产生人口虹吸效应，带动周边人口的持续导入。人口的聚集为产业发展提供源源不断劳动力资源，产业的发展又为聚集的人口提供就业岗位及消费服务，最终形成人口聚焦，消费升级、产业升级的良性循环。

（二）开发性典型模式二：特色小镇

1. 特色小镇的发展历程。

根据现有资料，“特色小镇”，作为具有广泛影响力的开发概念，于 2014 年在杭州云栖小镇首次被提及。其后，经 2016 年财政部、国家发展改革委、住建部三部委发文力推，提出到2020 年，培育 1 000 个左右各具特色、富有活力的休闲旅游、商贸物流、现代制造、教育科技、传统文化、美丽宜居等特色小镇，引领带动全国小城镇建设，不断提高建设水平和发展质量。

在此后的两年中，特色小镇发展迅猛。截至2018 年 10 月，住建部公布了两批特色小镇试点。住建部公布的名单中，首批 127 个，第二批 276 个，总计 403 个，若加上各地方创建的省级特色小镇，数量超过 2 000 个。

在特色小镇迅猛发展的这两年中，中央和地方相继出台大量政策，支持特色小镇创建工作，促进了特色小镇的快速发展。以下简要梳理近两年来国家层面关于特色小镇相关政策的出台历程。

2016 年 3 月，“十三五”规划纲要明确提出“特色小镇”的概念，即要“因地制宜发展特色鲜明、产城融合、充满魅力的小城镇”。

2016 年 7 月 1 日，住房和城乡建设部、国家发展改革委、财政部联合发布《关于开展特色小镇培育工作的通知》（建村〔2016〕147 号)，决定在全国范围内开展特色小镇培育工作，并提出到 2020 年，培育 1 000 个左右各具特色、富有活力的休闲旅游、商贸物流、现代制造、教育科技、传统文化、美丽宜居等特色小镇。

2016 年 10 月，中财办、国家发展改革委、住建部在浙江杭州召开的特色小（城）镇建设经验交流会，住建部同期公布北京市房山区长沟镇等 127 个镇为第一批中国特色小镇。

2016 年 10 月，国家发展改革委发布《关于加快美丽特色小（城）镇建设的指导意见》，提出要统筹地域、功能、特色三大重点，以镇区常住人口 5 万人以上的特大镇、镇区常住人口 3 万人以上的专业特色镇为重点，兼顾多类型、多形态的特色小镇，因地制宜建设美丽特色小（城）镇。

2017 年 12 月，国家发展改革委、国土部、环保部、住建部联合发布《关于规范推进特色小镇和特色小城镇建设的若干意见》，意见中提出了 10 项具体举措，涵盖准确把握特色小镇内涵、合理借鉴浙江经验、注重打造鲜明特色、有效推进“三生”融合、厘清政府与市场边界、实行创建达标制度、严控政府债务风险、严控房地产倾向、严格节约集约用地、严保生态红线等 10 个方面。

2018 年中央一号文件《中共中央国务院关于实施乡村振兴战略的意见》中也明确鼓励建设特色小镇，发展乡村共享经济、创意农业、特色文化产业。

2. 特色小镇模式概述。

在中国经济迅速转型、传统片区开发模式出现疲态、土地供应不足的现实困境下，实践表明，特色小镇模式利用现有的特色资源禀赋，将政府公共服务、产业要素及社会要素进行重新组合，从而成为地方社会经济发展的新的驱动力。

特色小镇既不属于城市的行政区划单元，也并非传统意义上的以某一产业带动城市经济发展，特色小镇的本质是打破传统产业隔阂，对特定区域内的资本、人才、技术、生产、旅游多种要素进行资源整合，形成“产业+城市+乡镇”一体化，促进产城乡协同发展，塑造各具特色的差异化产业聚集小镇。

特色小镇规划面积一般控制在 3 平方公里左右，实现在有限规模、有限人口、有限经济下的城乡高速发展。实践中，部分特色小镇同质化严重，难以真正发挥其凝聚特色产业、拉动经济增长的特性。因此，特色小镇应明确自身发展定位，去除同质化，有效促进区域内资源优化配置，积极探索新资源的开发及利用，引导区域产业升级，培养真正的绿色生态、特色鲜明、和谐宜居的特色小镇。

特色小镇的核心是因地制宜，推进“千镇千色”，而非“千镇同色”。打造成功的特色小镇，重点在于概念规划与发展策划。首先是进行概念规划，即勾画出“特色+小镇”的概念，对小镇的特色要素、人文底蕴进行深度挖掘。进行概念规划后，根据特色要素对小镇进行发展定位，进而导入相关产业、人口，实现特色产业聚集。

根据现有的特色小镇开发经验，特色小镇按其主导特征可分为两大类：一是以文化、旅游为主的文旅特色小镇；二是以当地特色产业为主的产业特色小镇。以住建部全国首批推荐的 127 家小镇为例，文旅特色小镇合计占比 68.5%，产业特色小镇占比 31.5%。

文旅特色小镇的典型案例有湖州丝绸小镇、千岛湖啤酒小镇等；产业特色小镇的典型案例有浙江云栖小镇、基金小镇、梦想小镇。其中，云栖小镇依托阿里巴巴云公司及转塘科技园两大平台，建立了以云计算产业为核心，大数据和智能硬件产业为主导，富有科技人文特色的创新型云计算产业生态小镇。

二、典型开发性 PPP 模式的共同属性

（一）以区域经济的发展作为出发点进行区域资源的有机整合

无论是产业新城，还是特色小镇，其目的都是区域经济的发展，落脚点都是依托自身的资源或禀赋选取适合自身发展的产业和发展模式。

（二）属于 PPP 模式，符合联合国的定义，并且满足财政部对 PPP 的规范要求

按照现有的 PPP 模式及政策导向，产业新城和特色小镇大都按照“政府引导、企业主体、市场化运作”的原则。政府及社会资本双方明确各自责任：项目公司作为投资及开发主体，主要负责设计、投资、建设、运营、维护一体化市场运作，充分发挥市场机制的主导作用；政府负责履行政府职能，负责宏观调控、制定规范标准、提供政策支持等职能工作。双方制订一套收益回报机制，收益共享，风险共担。

（三）以产业开发为核心

无论是产业新城还是特色小镇，其核心都是产业开发。开发性 PPP 模式都具备“产业”这一特征，这个“产业”可以是制造业，可以是服务业，也可以是农业。这也是与一般的纯基建类项目最本质的区别。所以对于开发性 PPP 模式来说，重要的不仅仅是建设，更是对产业的

有效运营。

（四）以整体价值的提升为基础，以区域可持续发展为目标

整体价值的提升有以下几点内涵：一是政府从产业发展直接带来的税收和非税收入增量地方留存；二是政府在土地开发带来的基金收入中列支的覆盖土地整理成本部分及增值部分；三是资源整合带来的整体产业的价值增值；四是通过产业的运营，为相关区域、城市带来的价值提升。也就是说，开发性 PPP 模式的最终目的，是通过对基础设施的建设、资源的整合、产业的开发，以达到整体价值的提升，实现区域或城市的可持续性发展。

（五）需要依托于便利的交通条件

就产业新城而言，这类项目本身依托现有城区，一般自身处于交通节点位置，再加上改造及新建的道路等基础设施，其交通自然便利畅通；园区开发产业结构复杂多样、配套完备，新城与中心城市之间要有便捷的连接渠道，新城的建设也要充分考虑各种交通系统连接城市的合理性和便捷性。

就特色小镇而言，产业型特色小镇一般以特色产业与新兴产业为基础，打造出具有明确产业定位和一定社区功能的综合开发体系。产业型特色小镇较于产业新城而言一般距传统的城市中心较远，但由于这些综合开发体系同样依赖于资源的输送或人才的聚集，所以一般仍然需要便利的交通属性；而文旅型特色小镇虽然稍远离城市中心地段，但是因为叠加了旅游功能要发展成为景区，道路交通等基础设施也都服从于合理性和便捷性。

（六）具有一定的公共服务的基础设施

产业新城与特色小镇作为综合开发体系，除了具有产业定位、文

化内涵、旅游等特征外，还必须具备一定的社区功能。因此，在开发性 PPP 模式，尤其是具有代表性的产业新城与特色小镇中，公共服务的基础设施一般占有一定比重。例如，从总投资角度计算，南京兴智科技城片区开发 PPP 项目中，公共服务的基础设施占比约为 58.6%；扬州市湾头玉器特色小镇 PPP 项目中，公共服务的基础设施占比约为 55.9%。

（七）具有一定的政策支持

2016 年 10 月 8 日，国家发展和改革委员会发布《关于加快美丽特色小（城）镇建设的指导意见》，明确提出了特色小镇概念。特色小镇是聚焦特色产业和新兴产业，集聚发展要素，不同于行政建制镇和产业园区的创新创业平台。特色小镇非镇非区，是各种特色发展要素的聚集区。2017 年 12 月 4 日，国家发展改革委、国土资源部、环境保护部、住房城乡建设部发布《关于规范推进特色小镇和特色小城镇建设的若干意见》，提出特色小镇是在几平方公里土地上集聚特色产业、生产生活生态空间相融合、不同于行政建制镇和产业园区的创新创业平台，规划用地面积控制在 3 平方公里左右，其中建设用地面积控制在 1 平方公里左右，旅游、体育和农业类特色小镇可适当放宽。

随着国家各部委在产业新城与特色小镇方面文件的密集出台，国家及各级政府都出台有一系列政策鼓励产业新城和特色小镇的发展。优惠政策有：税收政策、土地政策、收益政策、财政支持政策、金融支持政策等。这些优惠政策不仅涉及项目开发关联主体，入驻企业也同样可以获得政策支持。

（八）回报机制多样，绩效考核复杂

根据不同项目特点，PPP 项目回报机制可分为使用者付费、可行性

缺口补助和政府付费等支付方式。其中，政府付费（Government Payment）是指政府直接付费购买公共产品和服务。使用者付费（User Charges）是指由最终消费用户直接付费购买公共产品和服务。可行性缺口补助（Viability Gap Funding，简称 VGF）是指使用者付费不足以满足项目公司成本回收和合理回报时，由政府给予项目公司一定的经济补助，以弥补使用者付费之外的缺口部分。

与纯基建类项目不同的是，开发性 PPP 模式由于其“产业”的存在，其回报机制一般复杂多样。在实务操作中，开发性 PPP 模式中部分子项目，如市政道路、绿化、非经营性项目属于政府付费；部分子项目，如污水治理、垃圾处理等属于使用者付费，部分子项目如学校、社区医院等准经营性项目属于可行性缺口补助。

由于以上特点，开发性 PPP 模式的绩效考核较一般的 PPP 项目更为复杂。同时，由于开发性 PPP 模式的建设周期和运营周期都很长，其中建设和运营的重合期也很长，既要考核建设指标、运营维护指标，也要求考核整体发展指标；既要考核单个的重大项目，也要考核区域整体；其考核指标多且复杂，建立科学的绩效考核体系涉及指标设置、权重设置、分值设置等，其难度很大。

三、典型开发性 PPP 模式的差异分析

（一）产业发展目标不同

不同新城镇建设有不同特征，要充分结合区域自身资源优势，进行科学规划，合理定位。特色小镇是具有独特文化内涵、产业明确的特色镇，产业上坚持特色产业、旅游产业，聚焦时尚、环保、健康、旅游、信息、金融、高端装备制造等新产业，同时兼顾茶叶、丝绸、陶瓷等历史经典产业。以山东省济宁市泗水县泗河源头幸福健康特色小镇 PPP

项目为例，该项目位于山东省济宁市，主要建设内容包括泗河流域水源地生态环境综合整治工程、市政基础和公用设施及配套、泗水县医养结合中心工程与文化资源保护开发项目的公共服务及基础设施，同时导入泗水县医养结合中心工程及文化资源保护开发项目等经营性项目，把特色小镇打造成集健康养老、生态建设和文化旅游几项特色元素为一体的综合体。项目在运营期以旅游、养老相关的使用者付费和特色产业的发展为基础，实现区域内的协调健康发展。

产业新城则是通过发展产业带动城市发展，城市的发展又促进产业化同时发展。产业新城的发展以当地产业规划为引导，形成以产业发展为主的集工作、生产、生活、休闲娱乐等为一体的城市功能进一步完善的新城。此类项目通常在项目前期包含产业规划服务，政府结合当地优势资源选择符合时代发展和片区定位的产业予以扶持发展；导入人口，带动整个新城的发展，同时与主城区形成联动效应。固安县固安高新区综合开发 PPP 项目是产业新城类项目的典型代表。该项目包括规划、建设、运营、融资、产业招商和企业发展服务等，项目以“推动产业落地、促进经济发展、助力区域腾飞”为核心目标，对固安高新区进行综合开发。该项目没有完全依托于本地的特色产业，而是基于项目的定位和核心目标完成规划设计、土地整理、基础设施和公共设施的建设和运营等相关工作，运营期注重园区产业的引入、运营和发展，以期实现区域产业、经济、社会的全面、综合、可持续地发展。

（二）规模和体量不同

尽管目前对产业新城和特色小镇的规模没有明确的限定，但是浙江省人民政府办公厅于 2015 年 4 月 27 日印发的《浙江省人民政府关于加快特色小镇规划建设的指导意见》中指出，“特色小镇规划面积一般控制在 3 平方公里左右，建设面积一般控制在 1 平方公里左右”，往往布局在距离城市消费密集区的远近郊，成为城市产业体系中某个细分行业的集聚区。例如扬州的湾头玉器特色小镇，项目总规划面积 3 平方公里，核心区规划面积 1.8 平方公里，在相对较小的区域内集聚了茱萸湾公园、湾头古镇、京杭大运河、壁虎河、江扬造船厂办公遗址等生态旅游、地域人文历史资源。

产业新城规模则要大得多，其实际上是相对独立于主城区，具备容纳大规模城市移民的新城市。很多产业新城动辄数十平方公里，规划面积甚至远远大于中心城市建成区面积。例如，泾阳产业新城 PPP 项目合作区域面积约 74 平方公里，浙江省湖州市南浔区产业新城 PPP 项目占地面积约 49 平方公里，湖北省黄冈市团风县产业新城 PPP 项目合作区域占地面积约 24.8 平方公里。

（三）对社会资本运营能力要求不同

PPP 项目重运营，两类项目在运营中的侧重点不同，因此对社会资本的运营能力的衡量标准不同。

特色小镇类项目要求社会资本对特色小镇内的“特色元素”有独到的理解并能提供高效的经营能力，政府在众多投标人中选取在相关领域有成功经验的社会资本参与进来，为小镇在运营期内产生预期收益创造条件。例如，扬州湾头玉器特色小镇项目，在成立的项目公司中青旅城市商业管理（北京）有限公司占股 24%，该公司在旅游信息咨询、旅游景区管理、承办展览展示活动等领域有丰富的经验，对本项目特色旅游元素的设计和运营提供“因地制宜”的解决方案，在最大程度上增加使用者付费，降低地方政府的财政支出责任。

对于产业新城项目，对社会资本的要求主要集中在项目合作范围内的基础设施建设运营和产业发展服务两个方面。目前产业新城类项目在运营期的主要考核标准之一就是针对产业发展服务进行的绩效考核，即要求社会资本在项目运营期内逐年完成一定的产业招引服务。这类考核对招引产业类型、企业单位面积落地投资额、亩产税收等指标进行重点考核，政府将依照绩效考核结果对项目公司支付产业发展服务费。因此，产业新城项目的社会资本方需要在产业招引方面有自己的实力。

（四）拆迁、土地整理等前期的工作量不同

大部分特色小镇类项目是针对已形成一定规模的具有地方特色的区域，整合已有资源、进行提升改造，打造小区域内的协同效应。项目涉及的新地块较少、拆迁规模较小，主要针对不符合项目区域控制性详细规划和发展预期的地上物进行拆除、改造。征拆和土地整理费用在总投资中的占比较小。

产业新城项目一般可以分为旧城改造和片区开发两类项目。两类项目的土地前期费用都非常高。旧城改造项目需要将原有旧民居拆除，涉及大量的住宅房屋及附属物补偿、非住宅房屋及附属物补偿等地上物征收补偿费用。片区开发项目一般位于城市主城区边缘，项目范围内可能包含耕地、林地等。如此，片区开发项目除涉及地上物征收补偿外，还会包含土地征用费用。综上，产业新城项目中的土地前期费用占总投资的比例相对较高，有的项目的征拆费用达到上百亿元。

（五）基础设施的服务范围不同

特色小镇项目中的基础设施部分限于小范围的新建改造，服务的范围相对有限。这类项目的合作范围是相对成熟的区域，区域内的地块大部分为已开发地块，均完成“九通一平”，项目中基础设施投资的部分主要集中在对存量项目的改造和以完善区域整体开发为目的的小规模新建，如部分新建道路与原有道路的交互连接项目、供排水管网改造项目等，投资规模和服务范围相对较小。

产业新城项目内的基础设施的服务范围要广得多。产业新城项目所在的合作区通常为新区或城中村，此类地块内原有基础设施的功能和定位不符合现有规划，部分地块甚至处于未开发状态，尚未达到“九通一平”条件，因此需要通过新建基础设施（道路、供排水、供暖、供电等）将项目合作区内的土地连接成有机的整体。在进行基础设施建设时，需要同时考虑项目基础设施与现有交通主线（高速路、地铁换乘站等）的协同效应，为后期打造成宜居城市、吸引企业落地创造条件。从规划布线到建设施工，产业新城类项目中基础设施的投资规模和服务范围相对于特色小镇项目要大很多。

（六）发展周期和风险不同

特色小镇类项目是在合作区域内已有的特色产业或特色旅游资源的基础上进行开发整合，在当地具有一定的认可程度，能够较快产生收益，项目周期较短且风险相对较低。特色文旅小镇项目可以在项目建设内容完成后的较短时间内依靠自身的旅游资源吸引各地游客，进一步促进小镇内商业、加工业、酒店等文旅相关产业的发展，形成稳定收益；产业特色小镇基于原有的产业特色，在完成资源有机整合后，产业分工更加明确，效率和产量都有进一步提升，能快速吸引产业链自身上下游企业和相关产业入驻，同时带来劳动力和新的消费动力，对项目合作区内的配套生活设施的进一步完善有促进作用。可以说，特色小镇类项目在运营期内能够较快地产生项目收益，项目公司在早期获得项目使用者付费收入，实现项目投入的快速回流，对政府和社会资本双方而言风险都相对较小。

产业新城类项目以产业发展服务为主，项目运营期的主要收入来源于产业发展服务费，获取收益的时间较晚，项目周期长且风险高。一个新城的成长和发展都需要漫长的培育，一般流程为规划、建设、产业招引、产业落地，产业发展服务通常在项目基础设施和公建配套建设完成后进行；同时，能否取得产业发展服务费要取决于项目公司招引企业的能力和落地企业未来的发展情况（能否达成亩产税收、是否符合环保要求等），落地企业同样需要一定的培育期才能达到目标产值，因此项目公司获得产业发展服务费具有极大的风险。南京市溧水区产业新城项目涉及合作区域的土地整理投资、基础设施建设、公共设施建设、产业招商及园区运营管理等，项目合作期为 20 年，10 年内基本完成开发建设，项目建设期明显偏长，现金流更滞后，风险增加。

（七）项目与规划的关系不同

特色小镇项目一般依托于项目所在区域内的控制性详细规划完成项目的设计和建设，不涉及规划咨询服务。当遇到项目设计与规划有冲突时，由政府方协调调整控制性详细规划或改变项目设计，保障项目整体进度和效果。

产业新城类项目大多属于新区建设，开始阶段所在区域可能仅有总体规划，其他工作内容可能都是空白。因此通常项目合作内容包含区域战略规划、空间规划（包括但不限于概念性规划、总体规划、控制性详细规划和修建性详细规划）的编制和变更服务。浙江省湖州市南浔区产业新城 PPP 项目、河南郑州市新郑市产业新城 PPP 项目等均包括规划设计咨询服务。

第四节 开发性 PPP 模式的内涵和创新意义

开发性 PPP 具有一般 PPP 模式的基本特征，又与传统 PPP 模式相区别，它以产业开发服务为核心内容，是在新型城镇化中一般 PPP 模式基础上的进一步创新。

一、“产城融合”的发展机制：促进产业、人口、空间协调发展，改进新型城镇化发展质量

开发性 PPP 模式是以产业发展服务为核心，以其他城镇化和公共服务为重要内容，促进产业、人口和空间协调发展的发展模式。产城融合是开发性 PPP 模式的最基本特征，它体现了合作区域内产业、空间协调发展的内存要求，并进一步改善区域人力资本和社会资本结构，促进区域产业转型和可持续发展。

开发性 PPP 在区域内把城市化基础设施产业价值链和产业开发服务产业价值链相融合，提供基础设施建设运营服务，土地整理服务、产业运营和产业开发服务。开发性 PPP 在区域内把城镇化产业链和产业投资产业价值链有机融合，更有利于产城融合。

（一）“产城融合”综合开发有利于可持续发展

不同于单体项目 PPP 模式，开发性 PPP 模式是由一系列关联的子项目组成。从服务内容看，包括城市和产业规划咨询服务、土地整理服务、基础设施和公共设施建设、产业引入与发展服务、城市或园区运营服务等内容，投资规模大，合作周期长，综合性强。

多种服务内容综合开发，有利于发挥空间开发和产业开发的系统性、综合性优势，可以在全生命周期内，通过内部资源配置、滚动开发、分期融资等多种机制，实现产业和城市的更深层次融合，整体提升合作区域的投资强度、城市面貌和就业率，不仅大大提高区域财政收入，也提高区域内人均收入和居民幸福感，促进了区域产业、经济、社会的全面、综合、可持续发展。

（二）“以人为本”的新型城镇化发展模式，有利于促进产业、人口、空间协调发展

在新型城镇化和供给侧结构性改革背景下，国家实施区域协调发展、乡村振兴发展战略，加快创新驱动的高质量协同发展产业体系，在推动区域、城乡协同发展的同时，推动传统产业升级和战略新兴产业发展，促进人的城镇化，使得产业、人口和空间协调发展不断深化。在新型城镇化和城乡一体化背景下，以人为核心，以城镇化发展为载体，以“绿色、低碳、可持续”为发展要求，以产业结构调整和产业升级、发展创新经济和战略性新兴产业为目标的产城融合模式正成为区域经济发展的新形态。

在开发性 PPP 模式下，社会资本通常承担辅助政府规划、承担土地整理和基础设施配套建设、推动招商引资和产业集聚。从人口、产业、空间各个角度切入项目，进行全方位的服务和城镇化建设和运营，促进产业、人口和空间的协调发展。

以华夏幸福产业新城为例。华夏幸福产业新城旨在使所在区域实现经济发展、社会和谐和人民幸福三大目标，通过以产兴城、以城带产、产城融合、城乡一体、共同发展的模式，推进新型城镇化建设，为产业新城所在区域提供产业升级、经济发展的综合解决方案①。产业的不断发展壮大将增加当地就业岗位，改变当地居民的收入结构和生产方式，实现原区域农民向市民的转变，推动民生保障体系的不断健全。同时，社会资本方通过市场化方式提供生活配套设施和教育、医疗等公共服务，保障原住民和新进入居民分享到同等公共服务、同等生活环境、同等生活质量的新型城镇化的红利，将极大提高人民生活的幸福感、归属感。

---

① 中国指数研究院：《中国产业新城运营理论与实践》，中国发展出版社，2018 年 5 月版。

二、开发性 PPP 是政府、市场协作型的动力机制创新，通过市场的“赋能”，提升了公共服务和政府治理水平

（一）传统政府主导模式

从世界各国城镇化的经验看，城镇化动力大体上可分为三种：政府动力、市场动力与民间社会（公民社会）动力（李强，2012）。在我国政治、经济和社会制度背景下，城镇化和产业化发展一直是以政府主导为显著特征。例如，土地公有制度下，我国的城镇化和产业化基本不可能像欧美国家那样实行完全的市场化主导模式。

所谓政府主导，就是政府机关或其相应部门在城镇化建设和产业化发展中起主导作用，对城镇设置、规划、土地使用审批、工程许可、基础设施建设、改造拆迁、项目融资、招商引资、社会配套等都掌握严格的审批和决策权力。以开发区为例。自 20 世纪 90 年代开始，中国城镇化和产业开发建设进入高速发展期，形成了经济技术开发区、高新技术产业开发区、保税区、边境经济合作区、出口加工区等国家级开发区和经济开发区、工业园区、产业园区和工业产业园区等省级以下开发区。开发区的大规模建设、旧城改造、新城建设、产业规划和产业集群打造、投资和资金的运作等都由政府直接主导。这种以政府为主导、以政策为导向、融合各方面资源进行整体推进的开发模式，体现出了行政机制配置资源的巨大推动力，可以在短时间内完成产业集中和人口集聚，实现空间、人口和产业结构的快速转型和发展。

在各地的开发区建设实践中，地方政府经常由于缺乏优秀的运营管理人才支撑，使得园区的管理水平不足，造成规划混乱、开发效率不足、配套设施不完善、难以吸引合格优秀的企业进驻等诸多问题。另外，各地开发区经常是以地方政府融资平台为主体进行运作。由于产业

园区效率不足，现金流难以覆盖投资成本，政府独自承担了开发的巨大风险，产生政府主导开发模式下的融资平台债务危机和地方政府财政可持续性问题。与此同时，开发区还存在增长模式单一、土地资源浪费严重、环境过度开发、各地开发区模式趋同、资源错配、人力资本价值提升不足、区域财政负担较重等诸多问题。

（二）政府市场协作的动力机制

在以往城镇化和产业化发展过程中，政府基本是经营和运作城市发展的主力，相对而言，市场动力机制发挥不足。所谓市场机制发挥重要作用，就是政府制定政策、规划以及发展目标，由多元化的市场主体来进行实际管理和运作，发挥多种经济要素参与城镇化和产业服务，让多种资源配置方式协同发挥作用。

政府—市场协作开发模式兼有政府主导型和市场主导型开发模式两者的优点。

政府和企业之间掌握的资源是不同的，但有互补性。政府掌握土地资源、政策制定等权力，但缺乏足够的资金以及运营经验；企业缺乏土地资源和政策制定权力，但拥有资金和开发运营经验，政府与企业可以在开发性 PPP 模式下实现资源互补、合作开发。充分利用社会资本的资金、运营管理经验和创新能力，政府在规划、土地、税收等各方面政策提供有力的支持，实现行政机制与市场机制共同作用和互补，提供区域开发的效率。见图 3－1。

开发性 PPP 项目采用“政府主导、企业运作”的 PPP 市场化运作模式，可以最大限度发挥政府和社会资本的双重优势：一方面，充分发挥政府“有形之手”的作用，政府主要负责主导重大决策、组织制定规划、确定标准规范、提供政策支持；另一方面，充分发挥市场“无形之手”的积极作用，利用社会资本充足的资金、强大的资源整

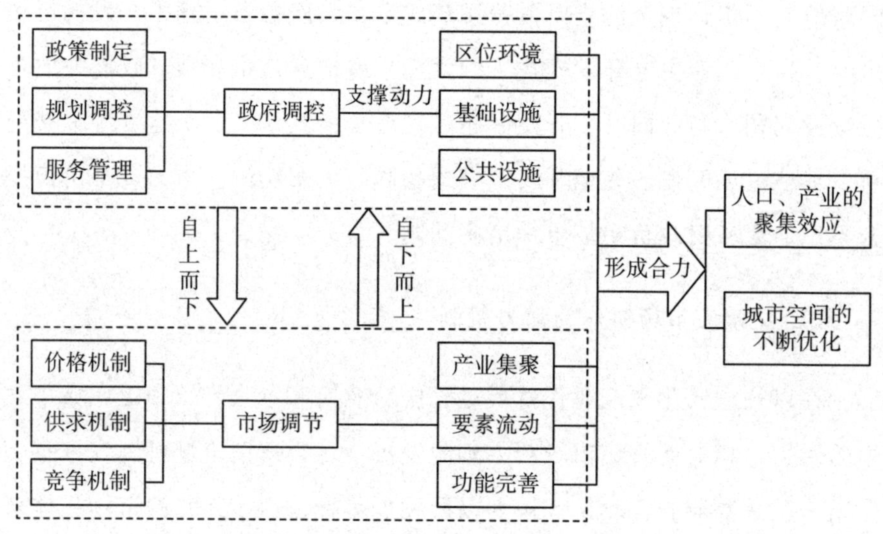

图 3-1　政府、市场协作开发模式

资料来源：中国指数研究院：《中国产业新城运营理论与实践》。

合能力和丰富的城市建设运营管理经验，有效解决建设投资巨大、产业招商难、投资回报周期长的问题，大大提升新城开发的效果与效率。

城市和产业综合开发由政府主导向市场主导转变的内在要求就是体制机制的创新，需要引入高水平的专业城市运营商、服务商的参与，通过市场化的选择，整合专业资源，提升服务品质，让政府从繁重的招商等经济活动中解脱出来，投入更多的精力关注民生发展，真正实现由管理向服务转变。城市运营由政府主导向市场主导转变是发展模式的一次深层次改革。

开发性 PPP 模式将改变城镇化建设和产业服务资金主要来源于政府财政投入、银行借贷和土地出让收入的传统方式，大量引入社会资本和民间资金参与开发建设，政府由直接参与区域开发变为 PPP 项目的监管者，政府对资源的直接配置和对资源要素的干预将大幅度减少，有助于改善政府治理效果，具有重大推广价值。

三、“自我造血”的盈利模式创新，整合区域要素资源，促进区域可持续发展

从世界各国城镇化实践来看，发达国家的城镇化一般经历三个发展阶段：初期阶段，城镇化率增长缓慢直至 20%—30% 水平；中期加速阶段，城镇化率在 30%—70% 之间；后期阶段，城镇化率在 70%—90%之间。2018 年，中国的城镇率在 59.58%，仍处于城镇化中期阶段。根据世界银行研究，发展中国家每年基础设施建设投资占 GDP 比例约为 4%，而我国的比重长期不足 3%，基础设施投资仍存在大量历史欠账。

为了促进城镇化建设，政府财政仍将长期面临巨大压力。因此，如何引导民间投资，引入更多的市场化元素，使新型城镇化走健康、可持续发展道路至关重要。

（一）开发性 PPP 项目具有很强“自我造血”机能

城镇基础设施建设领域中的传统 PPP 模式，除了少数使用者付费项目之外，往往不具备“自我造血”机制。传统的单体基础设施项目，如市政道路、公园、管网、公共配套设施等，通常这些投资难以获得市场现金流，它带来的社会价值也无法准确评估，因此，不具备“自我造血”机制。也就是说，基础设施产业价值链无法在市场中完全实现，政府以财政支出责任上马的项目有可能是“白象”项目[①]（忽略社会价值或过度设计的项目）。投资“白象”项目的风险最终将由政府承担。

开发性 PPP 在区域内对城镇基础设施、土地开发、产业开发等多个

① 爱德华多·恩格尔等：《政府与社会资本合作模式经济学：基本指南》，电子工业出版社 2016 年版。

产业价值链进行开发。土地出让带来可观的土地出让金收入，产业投资带来的产业投资、税收收入增加、就业增加等，这些价值增值都可以清晰确认和计量，能测算出是否可以覆盖区域内的总投资成本。因此，从全区域内全生命周期发展来看，土地和产业开发带来的税费收入可以用于弥补基础设施建设投资成本。开发性 PPP 具有很强的“自我造血”机能。

（二）开发性 PPP 具有很强的区域财务自平衡能力

开发性 PPP 模式的区域内财务自平衡能力是指开发合作区域内，开发性 PPP 投资带来的可以预测和计量的全产业价值链回报可以覆盖投资成本的程度。开发性 PPP 对产业链的开发包括基础设施、土地开发和产业开发，计算在合作区域范围内产业链边界内的回报，主要包括使用者付费和土地及产业带来的新增财政收入。

所谓自平衡，就是在整个项目开发区域内，通过产业的开发以及配套的公共服务，能够形成一个投资与回报的自我循环机制，即打破政府刚性兑付。

首先，打破刚性兑付，并不是意味着政府不付费。开发性 PPP 项目通过产业发展、基础设施配套和公共服务的投资，说到底就是为了帮助地方经济发展，解决地方的就业，增加地方的财政收入。它所能创造的价值，基本上可以分为以下三类：一是政府从产业发展中带来的税收和非税收入增量；二是政府在项目区域内新增的地方政府性基金预算收入；三是产业、城市运营，价值提升创造的利润、资源整合带来的价值增值，即使用者付费收入。在具体回报机制的设置上，若第三类无法满足基本的投资回报，可以将第一类和第二类作为补充，即可行性缺口补助的回报机制。

其次，政府付费存在上限。这也是政府不存在刚性兑付的集中体现。项目区域内新增财政收入（含税收收入、非税收入以及土地出让金等）的地方留存部分的一定比例作为当年付费的上限，不足部分可以顺延下一年。

从已落地的开发性 PPP 项目统计分析来看，产业新城和园区类开发性 PPP 项目基本可以实现区域内财务自平衡，特色小镇开发性 PPP 项目的区域内财务自平衡也很强。

（三）开发性 PPP 不会带来财政风险

广义来说，任何投资都是追求回报的。开发性 PPP 模式的合作内容主要是以产业服务为核心的城镇化公共基础设施建设。单从投资回报来看，传统基础设施建设的回报主要是长期的社会经济发展回报，并且是难以内化到项目中的。而产业投资具有较为明确的投资回报边界，可以建立明确的财务投资可行性框架。

虽然仅从项目投资内部看，项目的财务自平衡能力不强，但考虑到土地出让金留成和产业投资带来的税收收入都是由项目产业开发带来的，且土地开发和产业发展有相应的计划，相关收入属于可计量和预期的收入，不会给地方未来财政收入带来不确定性。因此，从区域全产业价值链视角来看，开发性 PPP 项目基本可以实现财务自平衡，不会给地方带来财政风险。

四、风险分担机制创新：社会资本承担更多的开发风险，有利于改善政府资金使用效率，减少政府债务风险

有效的风险分配是实现 PPP 提高效率、获得更高物有所值的关键。

从产业价值链融合来看，开发性 PPP 可以将几个不同维度的产业价值链进行空间上融合和成本—价值的融合，通过产业价值链不同环节的有机融合，实现产城融合和价值增值，也即提升了项目的物有所值。

开发性 PPP 模式中，社会资本可以更深入地参与前期规划咨询工作，减少发展规划偏差风险。开发性 PPP 项目的土地开发和产业开发风险较高，二级投资发展的市场需求风险也具有不稳定、难预测、不确定性高等特点，这种风险性质使得与传统 PPP 模式相契合的风险厌恶型投资者很难接受，双方很难就最低需求风险达成一致。因此，开发性 PPP 项目只适合于风险偏好型投资者。开发性 PPP 模式是政府与企业在城镇化基础设施和产业服务领域，通过签订长期的合作协议，以政府—市场协议模式实现政府主导和企业运作，实现收益共享和风险共担。相比于传统 PPP 模式，通过与风险偏好型的综合性社会资本合作，政府向社会资本转移了更多的风险，也产生了更多的激励，提高了项目资金的使用效率。

开发性 PPP 按绩效付费，运营风险由社会资本承担，政府支付社会资本的回报以全生命周期新增地方财政收入的一定比例为限，从根本上规避和减少了政府债务风险；同时，项目公司按照市场化融资，所有债务由项目公司清偿，政府与资金提供方不发生任何联系，也不会因担保等产生隐性债务。

五、区域发展机制创新：开发性 PPP 推动都市圈高质量发展

（一）都市圈在经济社会发展中具有举足轻重的作用

1. 都市圈是国际竞争的重要平台。

从各国城镇化的经验来看，在城镇化初期主要以单个城市的平面扩张为主；发展到一定阶段后，在市场机制作用下，逐步形成以特大城市为龙头，中小城市和小城镇集群协调分布，并通过高效、便捷的交通走廊相连接、产业互补联动的城市群。都市圈的形成和发展是城镇化发展到较高阶段的产物，都市圈的出现不仅使城市地域空间形态

与规模发生重组和变化，而且使资本、技术、劳动力等要素形成新的流动和布局，是创新要素的聚集高地，是新思想、新技术、新产业的主要发源地。从国际经验看，都市圈发展水平的高低是衡量一个国家经济社会发展水平的重要标志，都市圈成为新时期大国间“较量”的重要平台。国际上已经形成了以纽约、洛杉矶、东京、巴黎、伦敦等一系列大城市和超大城市为核心的大都市圈。日本东京都市圈以占全国 3.6% 的国土面积集中了 28% 的人口，创造了 33% 的 GDP；美国前 10 大都市区以占全国 1.96% 的面积集中了 26% 的人口，创造了 38% 左右的 GDP。见图 3－2。

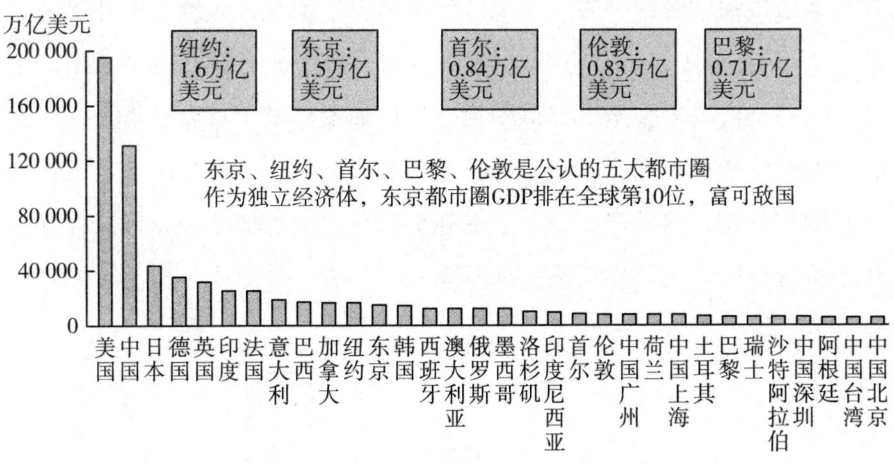

图 3－2　2017 年全球主要国家（都市圈）GDP 排名

2. 都市圈是我国新型城镇化的重要载体。

党的十八大报告明确提出要逐步形成辐射作用大的城市群，促进大、中、小城市和小城镇协调发展。《国家新型城镇化规划（2014—2020 年）》明确“以城市群为主体形态，推动大、中、小城市和小城镇协调发展”这一战略。党的十九大报告提出以城市群为主体构建大、中、小城市和小城镇协调发展的城镇格局。2018 年中央经济工作会议继续强调要提高城市群质量，推进大、中、小城市网络化建设。2018

年 11 月，《中共中央　国务院关于建立更加有效的区域协调发展新机制的意见》指出，要建立以中心城市引领城市群发展、城市群带动区域发展新模式，推动区域板块之间融合互动发展。这些政策文件揭示了我国城镇化的客观规律，是全球城镇化规律在中国合乎逻辑的选择，符合中国“人多地少、资源短缺”的国情。根据国家战略指引，各地陆续制定了城市群发展政策和规划。都市圈也称“城市圈”，是城市群的一种空间表现形式。它是以一个或两三个中心城市为核心、与周边城镇连同这些城镇覆盖的空间地域形成密切社会经济联系，呈圈层状布局的空间组织形式。或者说，都市圈是由中心城市及周边大、中、小城市和地域共同组成的紧密的一体化区域。我国人口在 500 万人以上的都市圈共 31 个，人口占比 33%，GDP 占全国 49%，而且都市圈发展呈现出以下特征：一是人口增长呈现都市圈化，人口加速向城市核以外溢出；二是就业通勤呈现都市圈化，空间扩张呈现都市圈化；三是外围节点城市开始网状化发展；四是产业联系呈现都市圈化，按价值链分布形成良性合作，跨行政区通勤已成规模。见图 3－3。

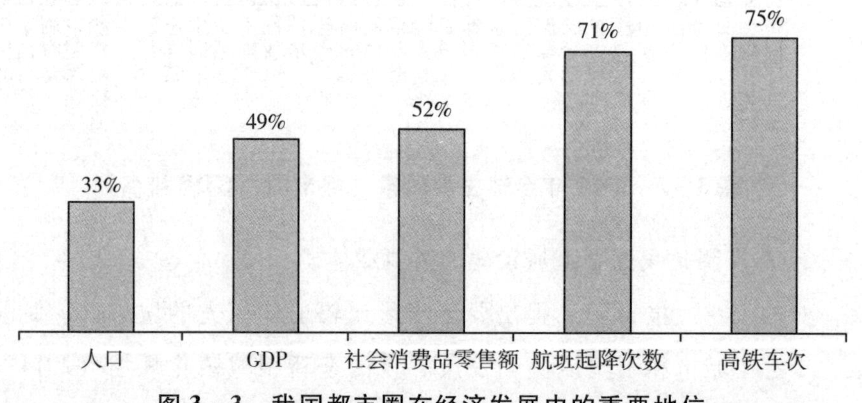

图 3－3　我国都市圈在经济发展中的重要地位

（二）从都市圈发展规律看，需要开发性 PPP 的支撑

都市圈不只是以中心城市为核心、空间上集中分布的一群城市，更

重要的是强调都市圈在城镇功能定位和产业发展等方面能够合作共赢、在公共服务和基础设施体系建设方面能够共建共享，在资源开发利用和生态环境建设方面能够统筹协调。目前都市发展中还存在一些不足，需要开发性 PPP 提供节点支撑。

1. 首位城市功能过度集聚，辐射带动不强。

首位城市在发展过程中，只有功能不断转换和升级，才能营造越来越强大的城市生命力，如果只纳新不吐故，功能繁杂和集中就必然导致大城市病的滋生和恶化，城镇化也就难以持续。目前，我国都市圈中的首位城市的发展仍然是依托优质医疗、教育、基础设施资源高度聚集产生的“虹吸效应”，吸引周边小城市的资源，特别是优质人才，尚未形成与周边中小城市合理分工、功能互补、协同发展的都市圈产业体系。功能“集聚多、疏解少”，导致首位城市功能过度集聚、交通拥堵、环境污染等一系列大城市病日益严重。

2. 县域经济承载能力不强，节点城市发展不充分。

在都市圈中，中小城市和小城镇往往在专业化职能和特色城镇发展方面、在方便生活的公共服务方面，具有不可替代的作用。我国都市圈中的节点城市严重不足，如东京都市圈内 5 万—20 万人口规模的城市有 84 个，上海有 9 个，北京有 8 个；东京都市圈内 20 万—50 万人口规模的城市有 19 个，上海有 10 个，北京有 6 个；东京都市圈内 50 万—100 万人口的城市共 5 个，上海有 4 个，北京则有 3 个；东京都市圈内 100 万人口规模以上的城市共 3 个，上海是 2 个，北京有 1 个。县域经济是综合各产业、各部门乃至社会单位于一体的国民经济小系统、小网络，具有承上启下的作用。但是，目前我国县域经济存在资金、人才、技术、经验等短板，基础设施、公共服务、人居环境等不具备承载高端产业资源的条件，无法承载都市圈赋予的功能。

3. 都市圈内部互动不足，没有形成产业网络。

都市圈从表面上看是城市之间的融合，本质上其实是产业之间的融合。区域内城市合理的职能分工是提高整体竞争力的基础，需以产业链横向分工为基础，在都市圈内部构筑创新网络、生产网络、社会网络和生活网络，加强大、中、小城市和小城镇之间相互协作、紧密联系，在都市圈建设中实现协同发展。目前，我国都市圈发展过程中，“一亩三分地”思维、“以邻为壑”的问题仍然存在，协同机制严重落后，导致城市发展的目标大体相似，各城市之间的竞争明显大于联合，重复建设现象严重。特别是在跨不同省份的都市圈，区域内政府行政关系的复杂性，给地区之间的协调带来很多掣肘因素，如户口、公共服务、社会保障之间的割裂，要素流动壁垒普遍存在等。

（三）开发性 PPP 是打造都市圈高质量发展的新引擎

主动接受发达地区特别是首位城市的辐射，利用比邻发达地区的区位优势和广阔的市场空间，发展“开放型”经济，是县域经济发展的有效路径。通过开发性 PPP，坚持以产业发展为核心，聚焦产业发展服务，推动产业转型升级，提升县域经济承载力，从全球视角集聚高端产业，推动产业结构转型升级，并且以产业集群为纽带，作为都市圈内部均衡化发展的重要支点和新的经济增长极，可以有效带动都市圈大、中、小城市的网络化、协同化发展，打造都市圈高质量发展新引擎。

1. 高标准打造基础设施、公共配套设施和人居环境，提升县域经济高端产业承载力。

县域经济发展受到流动性约束，在都市圈发展中会出现“马太效应”，难以把区位优势转化为发展优势。通过开发性 PPP，发挥社会资本的资金优势、运营优势，破除传统方式下封闭发展的“流动性”瓶颈，以承载高端产业、吸引高端人才、服务当地居民为目标，适度超前，高标准、高品质打造城市基础设施和公共配套设施，承接首位城市的功能转移，实现良性互动。如固安产业新城，利用社会资本的融资、运营优势，超前打造了以中央公园为核心，集中布局国际品牌星级酒店、创业大厦、北京八中固安分校、幸福港湾、规划展馆、体育公园、单车运动中心、幸福医院、城市环线绿廊、孔雀大湖等高品质城市配套，进而实现与首位城市全面对接，打造承载非首都功能的重要平台。

2. 从全球视角集聚高端产业，强化与首位城市的产业互补融合，打造区域次中心。

县域经济的发展，需要发挥要素资源优势和市场互补优势，按照“主导产业配套、新兴产业共建、特色产业互补”的思路，推进与区域首位城市的产业对接，而且这种产业对接离不开开放型产业组织体系的支持，并依托若干个龙头企业在全国乃至世界范围组织各种要素资源和开拓市场空间。通过开发性 PPP，发挥社会资本的人才优势、资金优势、产业优势等为合作区域培育战略性新型产业集群，构建开放型产业组织体系，实现与区域首位城市的优势互补、功能联动和错位发展，并使县域经济能够融入全球产业链分工体系。如固安产业新城，依托社会资本技术优势和人才优势，打造新型显示、航空航天、生物医药等三大战略性新兴产业集群，从全球范围内寻找高端产业发展机会，并利用资本驱动、产业服务驱动等市场化手段，直接将高端产业引入县域经济，避免首位城市的虹吸效应，推动都市圈协调发展。

3. 打破行政壁垒，建立市场化都市圈协同网络。

都市圈发展需要打造合作共赢的协同网络，通过开发性 PPP，借助社会资本机制优势，从产业发展服务、基础设施建设、公共设施建设、城市运营等多方面着手，以体制机制对接为引领，积极探索建立资源共享及合作机制，全面加快与区域首位的对接，建立区域协同网络，打破行政壁垒，逐步实现要素流动、商品贸易、公共管理等协同发展。如固安产业新城，借助市场化机制，在产业领域，与清华大学开展战略合作，建设清华大学重大科技项目中试孵化基地、新材料产业园，形成重大科技成果的“研发—孵化—中试—产业化”全链条模式；在公共服务领域，通过市场化合作机制，将北京八中、友谊医院等优质公共服务资源引入固安，打破行政壁垒、区域壁垒，成为京津冀公共服务协同发展的典范。

第四章
开发性 PPP 商业可行性与财政可持续性影响实证分析

政府在公共投资决策阶段决定是否以 PPP 模式推进时，识别筛选的标准一般包括五个部分：项目的可行性分析（技术和经济分析）、PPP 商业可行性分析（财务可行性和可融资性分析）、PPP 物有所值评价、财政承受能力论证、项目管理（世界银行，2018）。PPP 项目的商业可行性和财政可持续性是决定项目是否有投资价值以及政府财政承受能力的重要评价内容。

本章将开发性 PPP 项目的商业可行性和财政可持续性进行统计实证分析，样本选取财政部 PPP 综合信息平台项目管理库进入执行阶段的、兼具城市综合开发和产业开发典型特征的开发性 PPP 项目。

第一节　开发性 PPP 项目结构和分布特征

一、开发性 PPP 项目的分布及特征

（一）开发性 PPP 项目的行业分布

按照财政部 PPP 项目管理库对 PPP 项目所属共 19 个行业划分方

法，并且根据开发性 PPP 项目必须兼具城镇化建设运营服务和产业开发服务这两个属性来识别，开发性 PPP 项目主要分布于城镇综合开发行业和旅游行业。

根据财政部 PPP 综合信息平台项目管理库数据，截至 2018 年第三季度末，管理库内累计城镇综合开发项目约 521 个，投资总额约 16 502 亿元，分别占管理库项目总数和项目总投资额的 6.3% 和 13.4%；管理库内累计旅游项目约 334 个、投资总额约 4 953 亿元，各占管理库项目总数和项目总投资额都是 4%。

从已落地项目来看，城镇综合开发项目已落地 259 个、投资额 8 607 亿元，分别占全部已落地项目总数和投资额的 6.3% 和 13.6%；旅游项目已落地 122 个、投资额 1 687 亿元，分别占全部已落地项目总数和投资额的 3% 和 2.7%（见图 4－1）。

已落地的城镇综合开发项目和旅游项目中，开发性 PPP 项目只是其中一部分。开发性 PPP 项目必须兼含城镇化建设运营服务和产业开发服务。按照这两个属性来识别，已落地的开发性 PPP 项目中，城镇综合开发类的开发性 PPP 项目有 58 个、合计 5 900 亿元，占已落地城镇综合开发 PPP 项目比例分别为 22.4% 和 66%。全域旅游开发性 PPP 项目有 26 个、合计 582 亿元，占已落地旅游 PPP 项目比例分别为 23% 和 34.5%。

总体来看，已落地的开发性 PPP 项目共有 84 个，投资额 6 481 亿元，分别占 PPP 项目管理库已落地全部项目比重为 2.1% 和 10.3%。可见，从投资额来看，在现行推广的 PPP 模式中，开发性 PPP 占有相当大的比重。

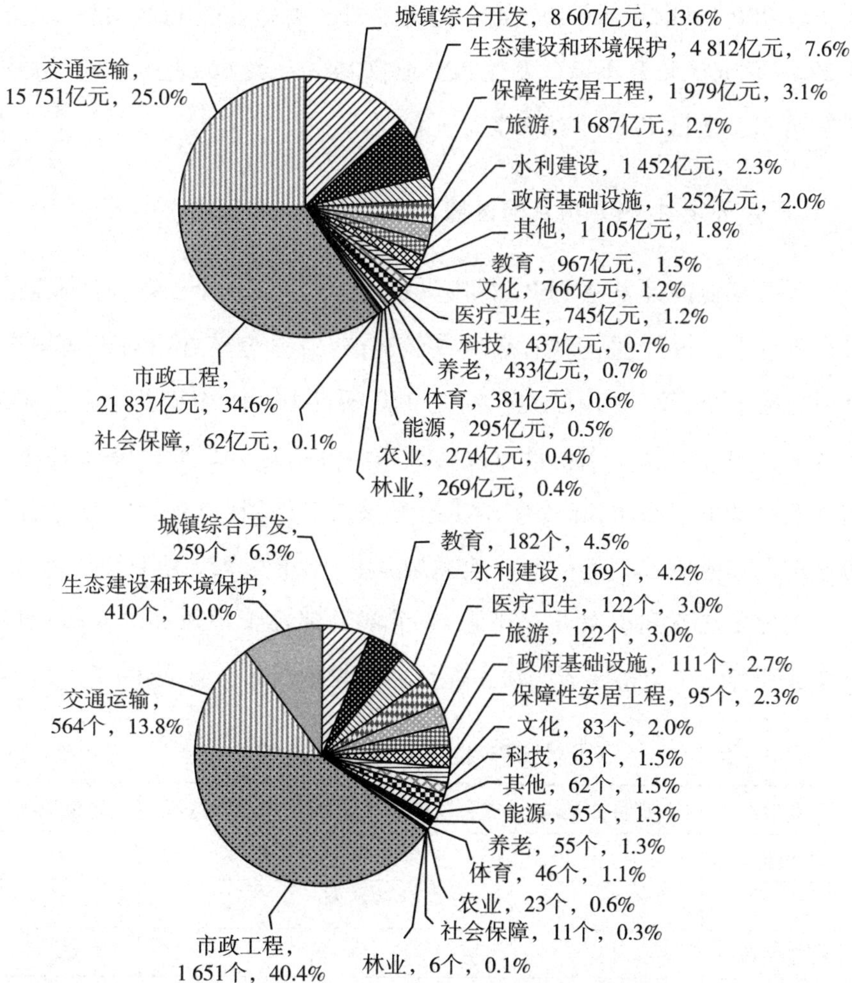

图 4-1　截至 2018 年三季度末已落地 PPP 项目各行业分布

资料来源：全国 PPP 综合信息平台项目管理库 2018 年三季度报。

（二）开发性 PPP 项目的产业形态分布

按照开发性 PPP 的产业开发形态来识别，开发性 PPP 项目主要有产业新城、园区开发、特色小镇、全域旅游综合开发。财政部 PPP 项目库中已落地的开发性 PPP 项目有 84 个，合计 6 481 亿元。其中，产业新城 PPP 项目 24 个、约 3 422 亿元，园区类开发性 PPP 项目 27 个、约 2 019 亿元，特色小镇开发性 PPP 项目 14 个、约 663 亿元，全域旅游开发性 PPP 项目 19 个、约 377 亿元。

（三）开发性 PPP 项目的区域分布

从已落地的开发性 PPP 项目区域分布来看，24 个已落地产业新城 PPP 项目中，19 个坐落在省会城市经济圈，4 个坐落在沿海发达城市，其他地区 1 个；27 个园区类开发性 PPP 项目中，15 个坐落于省会城市经济圈，10 个坐落于东南沿海发达城市，其他地区 2 个；14 个特色小镇开发性 PPP 项目中，5 个坐落于省会城市经济圈，7 个坐落于东部沿海城市，其他地区 2 个；19 个全域旅游综合开发 PPP 项目中，除了 2 个分别位于江苏和山东外，其他 17 个项目都位于中西部欠发达地区，且没有任何一个坐落于省会城市经济圈或发达城市。见表 4－1。

表 4－1　开发性 PPP 按产业形态分类统计　单位：个

产业形态	项目数量	省会城市经济圈	沿海发达城市	其他地区
产业新城	24	19	4	1
园区类	27	15	10	2
特色小镇	14	5	7	2
全域旅游	19	0	0	19

二、开发性 PPP 的项目交易结构特征

（一）开发性 PPP 项目的投资结构

1. 项目投资规模：显著高于非开发性 PPP 项目投资规模。

截至 2018 年第三季度，所有已落地 PPP 项目平均投资规模为 15 亿

元。在已落地的259个城镇综合开发项目中，开发性PPP项目有58个，平均项目投资规模为77.2亿元，非开发性PPP项目有201个，平均投资规模为13.5亿元。开发性PPP项目平均项目投资规模远高于其他类型PPP项目。可见，兼具城镇化和产业开发服务的PPP项目投资额要大大高于不含产业开发服务内容的城镇综合开发项目，也高于所有已落地PPP项目的平均规模。

分产业形态看（见图4-2），产业新城PPP项目的平均投资额最高，全域旅游综合开发PPP项目投资额最低。已落地的产业新城PPP项目平均投资规模为142.6亿元，已落地的园区类开发性PPP项目平均投资规模为74.8亿元，已落地的特色小镇PPP项目平均投资规模为47.3亿元。已落地的全域旅游综合开发PPP项目平均投资规模19.8亿元。

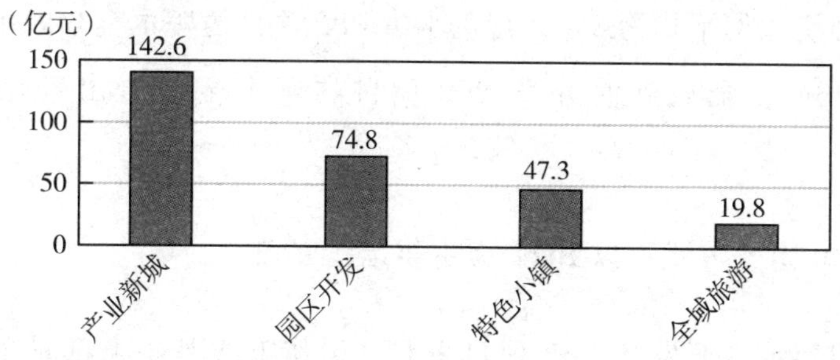

图4-2 各类形态PPP项目平均投资规模比较

2. 土地整理投资在开发性PPP项目中占有重要比重。

在各类产业形态的开发性PPP项目中，土地整理及前期开发成本占有重要比例。已落地产业新城PPP项目的土地整理开发成本占项目总投资规模比重平均为39%，已落地园区类开发性PPP项目的土地整理开发成本占项目总投资规模比重平均为34%，已落地特色小镇开发性PPP项目的土地整理开发成本占项目总投资规模比重平均为6.2%，已落地全域旅游开发性PPP项目的土地整理开发成本占项目总投资规模比重平均为8.3%。见图4-3。

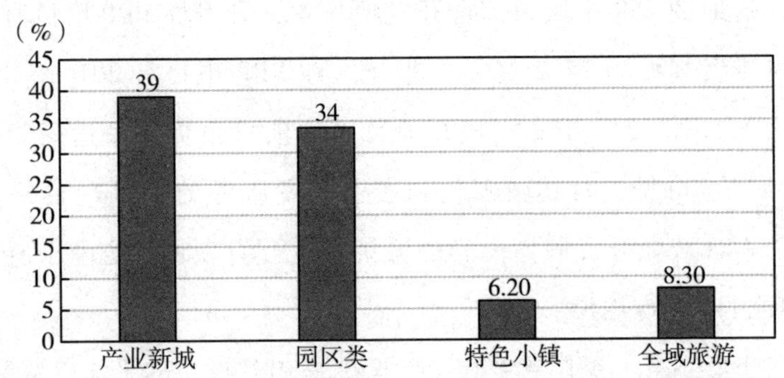

图 4－3　开发性 PPP 项目土地整理占项目投资比例

3. 项目资本金政府出资比例。

从已落地开发性 PPP 项目的资本金政府出资比例来看，产业新城 PPP 项目的资本金政府出资比例平均为 4%，园区开发 PPP 项目的资本金政府出资比例平均为 8%，特色小镇 PPP 项目的资本金政府出资比例平均为 13%，全域旅游开发 PPP 项目的资本金政府出资比例平均为 18%。

（二）运作方式：以 BOT 为主要运作方式

从已落地的开发性 PPP 项目来看，运作方式基本上都是采取 BOT 模式，只有极少项目采取 BOT + TOT 或者 BOT + ROT 模式，没有任何一个项目采取 TOT 模式。

（三）合作年限

全部已落地的开发性 PPP 项目平均合作年限为 20.2 年。其中，产业新城 PPP 项目平均合作期限为 24.7 年，园区类开发性 PPP 项目平均合作期限为 17 年，特色小镇开发性 PPP 项目平均合作期限为 20.6 年，全域旅游开发性 PPP 项目平均合作期限为 18.7 年。

（四）回报机制类型

产业新城 PPP 项目采取的回报机制有可行性缺口补助和政府付费两个类型，其中，采用可行性缺口补助机制的项目有 15 个，采用政府付费类型的有 9 个，分别占比 62.5% 和 37.5%。园区类开发性 PPP 项目采用可行性缺口补助机制的项目有 21 个，采用政府付费类型的有 6 个，分别占比 77.8% 和 22.2%。特色小镇开发性 PPP 项目采用可行性缺口补助机制的项目有 11 个，采用政府付费类型的有 2 个，采用使用者付费类型的有 1 个，分别占比 78.6%、18.2% 和 9.1%。全域旅游开发 PPP 项目采用可行性缺口补助机制的项目有 18 个，采用政府付费类型的有 1 个，分别占比 95% 和 5%。

根据《国家发展改革委关于开展政府和社会资本合作的指导意见》（发改投资〔2014〕2724 号），根据项目是否有收费基础及收入覆盖投资成本程度不同，可把项目分为经营性项目、准经营性项目和非经营性项目。理论上，PPP 的回报机制可以看作是政府购买服务和特许经营两者的组合。考虑到开发性 PPP 项目普遍包含众多子项目，各子项目性质也不同，可以把开发性 PPP 项目的各子项目或服务运营内容分解，一些经营性子项目（或内容）或者准经营性项目是使用者付费；而非经营性子项目主要是通过政府购买服务方式，即实施政府付费的回报机制。

开发性 PPP 项目投资规模一般较大，并且包含多个不同类型的子项目。其中，保障房项目、能源类项目（水电、风电、新能源）、轨道交通、供水、供电、供热、旅游运营、医疗、教育、养老、物业经营、厂房出租等子项目，都是使用者付费的重要来源。规划设计咨询服务、土地整理、市政基础设施建设、产业服务等内容则是以政府购买服务的方式嵌入项目中，采取政府付费的回报机制。具体情况如表 4－2。

表 4－2　开发性 PPP 项目服务内容和回报机制

子项目类型	服务或运营内容	回报机制
(准) 经营性子项目	具有收费基础的能源或公用事业（供水、热、供气、污水处理等）； 物业或厂房出租； 轨道交通； 综合管廊； 保障房； 产业运营	使用者付费/可行性缺口补助
非经营性子项目	规划设计咨询； 土地整理； 市政基础设施建设和运营（道路、文化广场、公园、绿地等）； 产业导入服务	政府付费

第二节　开发性 PPP 的盈利模式分析

一、从产业价值链视角看 PPP 模式的盈利模式

（一）传统企业的盈利模式

一般来说，传统企业盈利模式是指一家企业（或公司）通过投资和经营活动产生利润或形成企业价值的模式。在成熟的市场经济中，企业的投资和经营等各项活动产生成本和价值，都能完全体现在现金流的运动中，并能根据会计准则进行清晰反映。

（二）完整产业价值链的 PPP 盈利模式包括项目公司盈利模式、社会资本盈利模式和政府财政可持续性

PPP 模式是政府与社会资本建立长期合作关系，设立项目公司，并

以项目公司（SPV）作为项目投资主体，提供基础设施和公共服务的方式，政府与社会资本双方盈利共享、风险共担。

PPP 模式的合作内容是提供基础设施和公共服务，完整的产业价值链包括全生命周期内的项目投融资、建设、运营到用户消费公共服务。从参与主体看，PPP 模式存在三个法人主体：政府、社会资本企业、项目公司。从产业链的价值增值来看，它的总价值为：所有投资者获得的剩余加上公共服务消费者获得的消费者剩余之和。因此，完整产业价值链的 PPP 盈利模式分析应该包括：项目公司的盈利模式、社会资本盈利模式和政府财政可持续性。

项目公司的盈利模式是指它在投资边界范围内获得能够覆盖成本和合理利润的投资回报。项目公司的成立采取项目融资模式，它既包括政府和社会资本的股权投资，也包括从金融机构获得的债务融资。项目公司获得合理利润，它的投资者才能获得投资回报。项目公司的盈利来源于用户付费形成的使用者付费和政府付费（或财政补贴）。

社会资本的盈利模式是指社会资本对 PPP 项目的各类投资能够获得投资收益，并且至少要补偿它的机会成本。社会资本获取的投资收益包含两个部分：一是对项目公司的股权投资，以股权分红方式获取分红收益，它体现在项目公司的合理回报中；二是社会资本方作为建设工程承接方或设备和原材料的供应商，从而获取的工程、货物销售等利润。

政府财政可持续性则是政府从项目中获取的税费收入以及服务潜流形成的社会收益能够覆盖项目的财政支出责任，社会收益最终会以社会经济发展后形成的未来税收反映。如果基础设施投资不能获取良好的社会收益，那么该投资可能就是无效投资，长期来看将对财政可持续性造成负面影响。

（三）传统单体基础设施项目的盈利模式分析

一般来说，传统的单体基础设施 PPP 项目的产业价值链只有一个，如图 4 - 4（以粗箭头表示），包括从项目公司投资、基础设施建设、基础设施运营、最终用户使用公共服务等。项目公司从投资基础设施到最终用户使用公共服务这一公共基础设施产业价值链中，项目公司的回报主要有两个来源：付费用户形成的使用者付费、政府的政府付费或财政补贴，两者加起来等于投资成本 + 合理利润就是项目公司的盈利模式，投资项目公司的投资者能够获得合理利润。社会资本的回报来源则包括：从项目公司获取的分红收益、工程施工利润和设备原材料采购收益。政府的财政可持续性则反映在：社会资本和项目公司的税收 + 基础设施服务潜流带来的社会收益。由于社会收益难以评估，从长期看，项目对财政可持续性也是难以评估的。

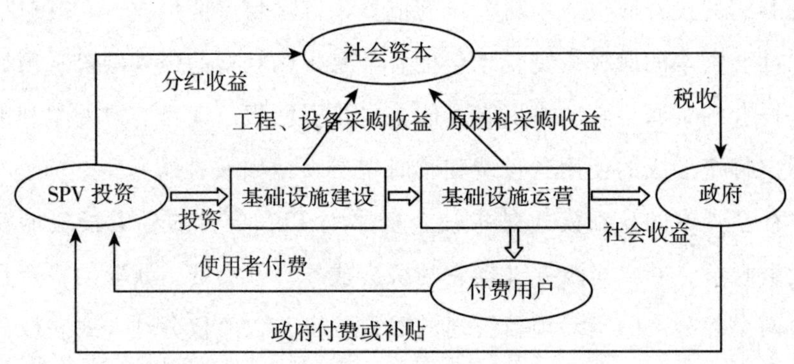

图 4 - 4　传统单体基础设施项目的盈利模式

二、开发性 PPP 项目盈利模式分析

开发性 PPP 模式的重要特征是以产业开发服务为核心，它不仅包括基础设施服务，一般还包括土地开发和产业开发服务。以产业价值链分析，它一般包括基础设施产业价值链、土地开发价值链、产业开发服务价值链（图 4 - 5）。土地开发价值链包括土地整理、土地出让、二级开发等。产业开发服务价值链包括产业招商和发展服务、特色产业运

营、住宅和商业地产开发、非公共性产业投资和经营等。

PPP 项目的投资范围只能限制在基础设施和公共服务，且必须属于政府事权范围内的公共性投资，因此，纳入 PPP 项目公司投资范围的有基础设施投资和运营、土地整理服务、产业招商和发展服务、特色产业运营。而产业链下游的延伸包括土地出让、二级开发、住宅和商业地产开发、非公共性产业投资和经营等都必须由项目公司边界外的社会资本和其他企业进行投资。

项目公司的收益来源主要包括两个部分：一是项目公司运营获得的使用者付费收入，另一部分是政府将新增财政收入纳入预算按照绩效的支付。政府新增财政收入主要来自土地整理后的出让金留成形成的政府性基金支出补贴、产业开发或其他来源产生税收形成的一般公共预算支出补贴。

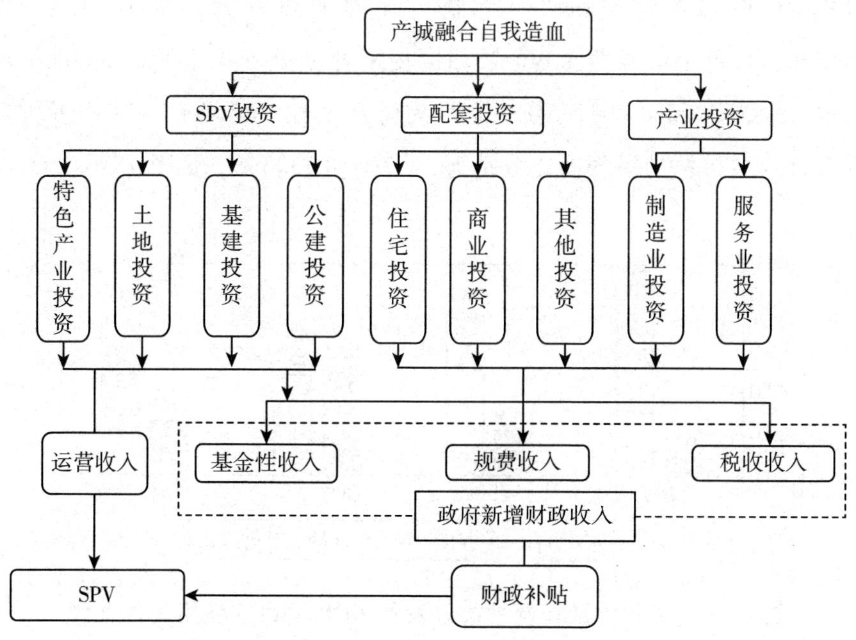

图 4－5　开发性 PPP 项目的盈利模式

（一）来自基础设施运营和特色产业运营形成的使用者付费

产业导入及发展服务和产业运营是不同的概念。产业运营可以直接产生经营性收入，并进入项目公司。但根据 PPP 基本理念，不在政府事权范围内的产业投资是不能进入 PPP 投资范围内的。因此，开发性 PPP 项目的产业运营收入主要是准经营性市政子项目、旅游运营、为商业配套的公共设施等运营产生的收入。产业服务则是由地方政府通过政府购买服务方式支付给社会资本提供产业开发及导入服务的对价。

在所有已落地的采用可行性缺口补助回报机制的开发性 PPP 项目中，平均使用者付费占总项目要求回报比例为 24.4%，可行性缺口补助占总回报比例为 75.6%。具体来看，产业新城 PPP 项目的使用者付费和可行性缺口补助平均占比分别为 9.3% 和 90.7%，园区类开发性 PPP 项目使用者付费和可行性缺口补助平均占比分别为 21.8% 和 78.2%，特色小镇开发性 PPP 项目的使用者付费和可行性缺口补助平均占比分别为 52.5% 和 47.5%，全域旅游开发性 PPP 项目的使用者付费和可行性缺口补助平均占比分别为 26.7% 和 73.3%。见图 4－6。

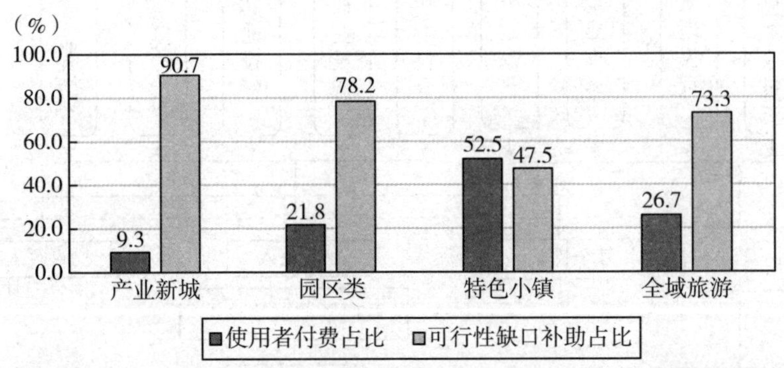

图 4－6　可行性缺口补助类开发性 PPP 项目的使用者付费和可行性缺口补助占总回报比重

从以上分析可见，特色小镇开发性 PPP 项目的使用者付费占比最高，平均值超过了 50%，这些使用者付费来源于项目的直接产业运营，包括康养、旅游、物业等，这些产业可以进入 PPP 投资范围，它的运营收入也可以直接进入项目公司。产业新城项目的使用者付费占比最低，只有不到 10%。产业新城项目中，以项目公司为主体进行产业运营比例较低，产业新城的产业服务内容主要是城市运营和产业导入，城市运营是准公共内容，但导入的产业是非公共性产业，大多不属于 PPP 投资范围。因此，产业导入服务费则由政府从产业税收来源中获得，以政府付费的方式进行支付。

（二）产业开发或其他来源产生税收形成的一般公共预算支出补贴

开发性 PPP 模式是区域城镇化发展与产业发展相结合的发展模式。在区域内的全产业价值链中，一些没有纳入 PPP 项目投资范围的非公共性投资，如产业链下游延伸的住宅和商业地产开发、非公共性产业投资和经营等，这些产业的税收收入虽然不能直接进入项目公司盈利，但它们属于区域产业价值链的重要组成总成，它们形成的税收留成进入一般公共预算，最后成为 PPP 财政支出责任的主要部分。

在很多开发性 PPP 项目中，政府和社会资本双方约定根据产业导入的投资落地额给予产业招商服务费。该服务费在一般公共预算中列支，但这部分预算来自服务招商产业产生的税收收入。例如，在产业新城和园区类开发性 PPP 项目中，地方政府经常会约定将委托区域内所取得的新增财政收入地方留成部分纳入预算安排进行支付，包括新增税收收入地方留成部分。合作区域内税收收入地方留成是指：合作区域内单位或个人缴纳（即：任何单位或个人在合作区域的注册登记、投资、建设、购销、转让、服务等环节形成的，无论该单位或个人是否在合作区域进行登记注册，原有企业与单位原址产生的税收收入除外）的税收地方留成部分。合作区域内的其他非税收入包括基础设施配套费等政策性规定的收费项目及其他专项收入和专项基金；行政事业单位收取的服务性费用、与开发建设无关的其他非税收入，人防工程易地建设费以及未形成实际性财政收入等，不作为上述其他非税收入的基数。

以固安高新区 PPP 项目为例。产业综合发展服务是项目的重要内容，政府按绩效给社会资本支付产业综合发展服务费。每年年末，依据产业发展绩效确定产业综合发展服务费，计费方式是以"落地投资额"作为"产业综合发展服务费"的计费标的。这一设计使产业发展服务的效果与社会资本方的回报金额直接关联，在明确衡量产业发展服务绩效的同时，也对社会资本方产生直接而有效的激励作用，实现激励相容。同时，通过设置五年一次的中期评估，政府方和社会资本方将有机会回顾五年的建设成果和双方合作情况，并根据评估结果对项目内容、评估方法、合作机制进行调整，具有一定灵活性。从固安工业园区的产业发展情况可以发现：投资额大的企业、成长性好的高科技企业，其缴纳的税收与落地投资额的比例较高，税收累计额能在更短的时间内覆盖政府支付的"产业综合发展服务费"，对社会资本和政府而言，效率也更高，从而进一步激励社会资本引入规模大、成长性强的优质企业。

固安高新区产业新城项目中，项目公司为政府提供产业发展服务，并以当年入区落地投资额的 45% 提取产业综合发展服务费。从行业经验数据和固安工业园区的企业实践两个层面可以分析得出企业落地投资额（包括企业固定资产投资等多种类型投资）和企业产生的税收收入之间的关系。根据国际经验数据，高新技术制造业企业投产且稳定生产后年营业收入约等于总资产金额的 1.5 倍，一般而言企业落地投资额占总资产比例约为 50%，即年营业收入约为落地投资额的 3 倍。假设高端制造业行业综合税负率为 10%，企业共有两年建设期、两年试产期，自投产第三年起开始生产，落地投资额记为 F，则自建设期起营业收入及税收情况模拟如表 4－3 所示。

表 4－3　　企业落地投资额与产生税收收入间的关系

年份	1	2	3	4	5	6	7	8	9
落地投资额	20% F	70% F	10% F						
营业收入			50% ×3F	70% ×3F	3F	3F	3F	3F	3F
纳税额			15% F	21% F	30% F	30% F	30% F	30% F	30% F

从表 4－3 可知，在不考虑企业达产后营业收入增长的情况下，按照税收地方留成比例为总税负的 25% 进行测算，从企业落地投资当年开始，前 9 年企业纳税额累计值（地方留成部分）为落地投资额的 46.5%。

这进一步证明了将“落地投资额”作为“产业综合发展服务费”的计费标的之合理性和有效性。

（三）土地出让留成带来的政府性基金收入

开发性 PPP 模式以土地为载体，实现产业、空间和人口的协调发展。项目通过区域内整体运营，不仅带来财政收入增长和就业，还能通过区域环境的改善、人力资本价值提升、产业生态圈和城市影响力的提升等多种途径带动当地土地价值的提升，从而使区域内土地一级开发带来巨大的溢价。这些溢价一部分政府将通过土地一级开发出让后直接获得，另一部分则通过各类设施和产业的二级运营，无形中拉升区域整体价值。

财政部《关于在公共服务领域深入推进政府和社会资本合作工作的通知》（财金〔2016〕90 号）：“切实有效履行财政管理职能。各级财政部门要会同行业主管部门合理确定公共服务成本，统筹安排公共资金、资产和资源，平衡好公众负担和社会资本回报诉求，构建 PPP 项目合理回报机制。对于政府性基金预算，可在符合政策方向和相关规定的前提下，统筹用于支持 PPP 项目。”《财政部对十二届全国人大五次会议第 2587 号建议的答复》（财金函〔2017〕85 号）：“在大力推广 PPP 模式、积极为 PPP 项目落地创造条件的同时，为规范 PPP 发展，保障政府履约能力，防范和控制财政风险……明确要求统筹评估和控制 PPP 项目的财政支出责任，每一年度需要从一般公共预算安排的 PPP 项目支出责任不超过一般公共预算的 10%……10%‘上限’控制的仅是需要从一般公共预算中安排的支出责任，并不包括政府从其他基金预算或以土地、无形资产等投入的部分，旨在鼓励地方积极盘活存量资源、资产等吸引社会资本参与 PPP 项目。”因此，土地出让相关的政府基金收入是地方政府除一般公共预算之外，用于 PPP 项目财政支出的重要途径。

2019 年 3 月，财政部发布的《财政部关于推进政府和社会资本合作规范发展的实施意见》（财金〔2019〕10 号）指出：“新签约项目不得从政府性基金预算、国有资本经营预算安排 PPP 项目运营补贴支出”。该文颁布之后，土地出让金形成的政府基金预算收入如何用于 PPP 项目将有待于在进一步的实践中探索。

1. 土地一级开发溢价占项目总回报比例较高，平均占比 30%，产业新城和园区类平均占比达到 50%。

在所有已落地的采用可行性缺口补助回报机制的开发性 PPP 项目中，平均可行性缺口补助占总回报比例为 75.6%，其中政府性基金支出占比为 22.7%，一般公共预算支出占比为 52.9%。具体来看，产业新城 PPP 项目的政府性基金支出占比和一般公共预算支出占比平均分别为 45% 和 45.7%，园区类开发性 PPP 项目政府性基金支出占比和一般公共预算支出占比平均分别为 38% 和 40.2%，特色小镇开发性 PPP 项目政府性基金支出占比和一般公共预算支出占比平均分别为 10% 和 37.5%，全域旅游开发性 PPP 项目政府性基金支出占比和一般公共预算支出占比平均分别为 0.2% 和 73.1%。见图 4-7。

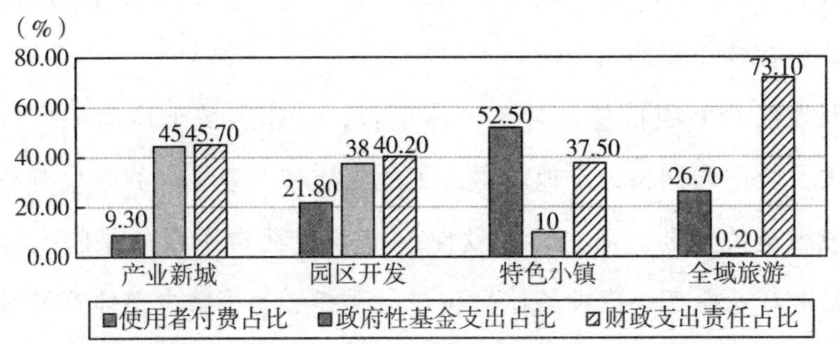

图 4-7　可行性缺口补助类开发性 PPP 项目回报方式和财政支出责任比

在所有已落地的采用政府付费回报机制的开发性 PPP 项目中，政府付费中政府性基金支出占比平均为 41%，一般公共预算支出占比为 59%。具体来看，产业新城 PPP 项目的政府付费中，政府性基金支出占比和一般公共预算支出占比平均分别为 66% 和 34%；园区类开发性 PPP 项目的政府付费中，政府性基金支出占比和一般公共预算支出占比平均分别为 33% 和 66%。特色小镇和全域旅游几乎没有政府付费类项目。见图 4-8。

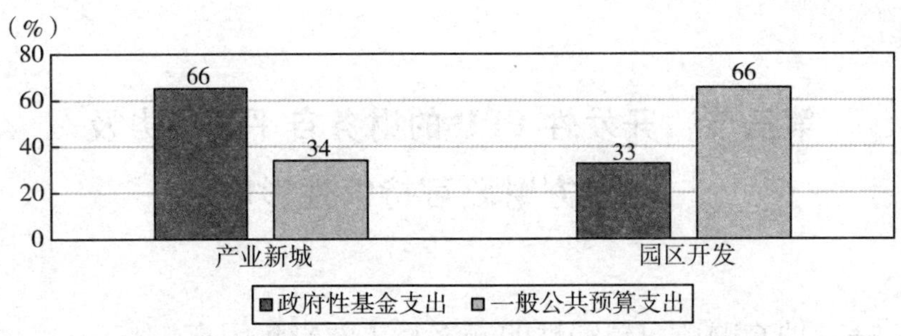

图 4-8　政府付费类开发性 PPP 项目基金收入和财政支出责任

2. 土地整理滚动开发模式，加大资金平滑效果。

滚动开发就是不同类型的子项目、不同的地块根据实际情况有序、分阶段、分期进行开发；同时，通过滚动结算的方式来缓解融资压力，并使资金在合作周期内平滑。

开发性 PPP 项目包含多个单体项目，合作区域土地面积广阔，投资较大，合作周期长，土地获得、土地出让和产业导入的效果对整体项目的成败至关重要。而且，开发性 PPP 项目通常采取的是将土地、城镇建设和产业服务一次性整体打包进行委托。为了减少整体开发带来的投资风险，当涉及多个不同类型子项目或者大面积和大投资开发时，开发性 PPP 项目经常采用滚动开发的开发模式。

（四）开发性 PPP 项目的内部回报率（税后）

已落地开发性 PPP 项目的内部回报率（税后）平均为 6.03%，高于全部已落地 PPP 项目的税后内部回报率。分产业形态看，产业新城 PPP 项目内部回报率（税后）为 6.84%，园区类开发性 PPP 项目内部回报率（税后）为 5.87%，特色小镇开发性 PPP 项目内部回报率（税后）为 5.69%，全域旅游开发性 PPP 项目内部回报率（税后）为 5.21%。

第三节 开发性 PPP 的财务自平衡能力及对地方财政可持续性影响

一、地方财政可持续性的涵义及主要影响因素

财政可持续性是财政作为国家治理基础和重要支柱的重要条件。如果财政不可持续，国家治理基础将被严重削弱，从而影响国家政治、经济、社会全面发展。地方财政是国家财政的重要组成部分，是地方政府

履行事权的物质基础。在我国事权下移、财权上移的财政体制下，地方财政风险日益凸显，保持地方财政可持续性是促进区域经济社会发展的重要基础。

（一）地方财政可持续性的涵义

关于财政可持续性的理论研究主要集中在财政赤字、政府债务和财政收支领域。Buiter（1985）最早提出了财政可持续性的概念。它是指国家财政的一种存续状态或能力。财政可持续性是衡量财政风险的重要指标之一，主要受政府债务规模和偿债能力影响。Buiter（2002）认为财政可持续性就是政府的财政融资模式不会发生违约风险。Blanchard（1990）认为财政可持续性就是保持债务与 GDP 的比值收敛于最初水平。世界银行对财政可持续性的定义比较有代表性：如果不需要大幅调整财政政策仍能保持足够的偿债能力，财政就是可持续的。财政可持续性是一个系统、综合、动态的概念，它涉及财政与经济的协调发展关系、债务水平以及财政收支平衡等多方面因素（CHARLES，2007）。Greiner（2007）则认为财政可持续性和债务可持续性几乎是一个概念。Charles Adams & Benno Ferrarini & Donghyun Park（2010）认为财政可持续性可分为静态财政可持续性和动态财政可持续性，前者是政府有能力满足一时期内的预算支出，后者则是指财政具备长期偿付能力。Moraga & Vidal（2010）研究发现，暂时性的财政支出冲击对财政可持续性的影响很小，但永久性的财政支出冲击对财政可持续性影响较大，财政运行过程中，应尽可能避免对财政规则的破坏，保持财政政策的连续性。邓晓兰、陈宝东（2017）从财政依存度、债务率与赤字率以及跨时预算约束下的协整检验三种方法对我国财政可持续性进行判断。

财政可持续性理论主要是基于一国或经济实体作为分析主体的。地方财政可持续性分析不仅包含财政可持续性的一般涵义，还要考虑到政府间财政体制和转移支付问题。

（二）地方财政可持续性的主要影响因素

基于财政可持续性理论以及政府间财政体制理论，影响地方财政可持续性的主要因素包括：区域经济可持续发展、地方财政运行和债务风险、政府间财政体制。

1. 区域经济可持续发展。

财政是经济的子系统，财政与经济相互作用。财政健康最终取决于经济发展，经济是财政收入之源，经济发展状况也影响财政状况。经济可持续性是区域经济社会发展的重要基础和目标，财政可持续性是经济可持续性的一个必要条件，而经济可持续性是财政可持续发展的基本前提。经济可持续发展才能为财政提供良好的税源和宽广的税基，并对财政长期偿债能力提供最坚实的保障。

2. 地方财政运行和债务风险。

财政可持续的最重要内涵是长期内债务可持续。在经济新常态下，地方财政面临的财政运行收支赤字风险以及债务风险日益增加。日益增长的地方财政经常性支出为财政健康运行提出严峻的考验。除了经常性财政支出以外，地方政府还要在城镇化基础设施建设和产业发展进行债务融资。如果城镇化基础设施建设和产业发展能够体现巨大的社会收益外部性，长期的税收增加应当可以逐渐弥补债务增长形成的赤字，但如果债务投资获得的收益很小，长期内政府的偿债能力就得不到有力支持，地方财政可持续性将会出现问题。

3. 政府间财政体制。

地方财政体制是影响地方财政可持续性的重要因素之一。在我国，财政体制长期存在事权下移和财权上移的特点，中央再根据全局需要对地方进行转移支付。因此，税收分成体系和转移支付体系是影响地方财政的基本体制因素。一般来说，既定的政府间财政体制基本框架在很长一段时间内不会有较大变动。

二、开发性 PPP“自我造血”机制及其对地方财政可持续性影响

开发性 PPP 模式的重要创新特征是其对土地和产业的合理开发带来价值增值，增加了区域现金流创造能力，增强了区域财务自平衡能力。开发性 PPP 不仅具备“自我造血”机能的盈利模式，也给地方政府的财政可持续性带来积极影响。

（一）开发性 PPP 的“自我造血”机制

一般来说，企业的“自我造血”机制是指企业通过主营业务管理、产业价值链管理和其他各种管理手段形成具有核心竞争力的盈利模式。

传统的单体基础设施项目往往不具备“自我造血”机制，除了少数使用者付费项目之外。以政府付费的单体基础设施项目为例。因为基础设施提供的公共服务无法收费，它带来的社会价值也无法准确评估。如果未来带来的社会价值很小，反映在政府税收收入也较小，那么该单体基础设施项目从经济评估来看是不具备投资价值的。即使该项目未来带来的社会价值较大，反映在政府税收收入也较大，该部分收益却无法评估，也无法内部化到项目当中。也就是说，基础设施产业价值链无法在市场中完全实现，政府以财政支出责任上马的项目有可能是“白象”项目[①]（忽略社会价值或过度设计的项目）。投资“白象”项目的风险最终将由政府承担。

① 爱德华多·恩格尔等：《政府与社会资本合作模式（PPP）经济学：基本指南》，电子工业出版社，2017 年版。

开发性 PPP 模式提供的公共服务不仅包含基础设施建设和运营，还包括土地整理服务和产业开发服务。即使基础设施产业链无法在市场中完全实现价值，但至少土地开发和产业开发服务的产业链价值可以在市场中基本实现。具体来讲，就是土地出让带来的土地出让金收入和后续的开发（包括住宅投资、产业投资）带来的税收收入和非税收入增加、就业增加等，这些价值增值都可以清晰地确认和计量，可以测算出是否能覆盖区域内的总投资成本。土地开发和产业开发两条产业价值链更能提供现金流，可以弥补基础设施产业链的不足，更好地实现区域空间、产业和人口的协调发展。因此，开发性 PPP 模式具备良好的“自我造血”机制。

（二）开发性 PPP 模式的财务自平衡能力（self – financing）

1. PPP 模式财务自平衡的涵义：项目内财务自平衡和区域内财务自平衡。

财务平衡一般是指收益能够覆盖成本，实现投资的财务可行性。Julian Teicher et al. （2013）[①]从项目融资的角度把 PPP 项目分为三类：财务自平衡项目、需要财政补贴的项目、前两者的组合。PPP 项目的财务自平衡（self – financing），是指项目从市场获取的现金流能够覆盖投资成本，也即使用者付费项目。Engel et al. （2001）[②] 设定在合作期可变和财务自平衡约束的条件下，研究最优基础设施供给问题，认为延长合作期可能是比财政补贴更好的政策，因为它能够提高项目的财务自平衡能力，并给投资者转移更多的风险和提供更好的激励。

① Julian Teicher et al. ，“Sharing Concerns：Country Case Studies in Public – Private Partnerships”，Cambridge Scholars Publishing，2013.

② E. Engel，R. Fischer，and A. Galetovic，“Least – present – value – of – revenue Auctions and Highway Franchising，” Journal of Political Economy，109，993 – 1020，2001.

考虑到我国的国有土地制度、新型城镇化发展阶段和政府赋有产业发展事权的特点，在合作开发区域内实现财务自平衡比单体项目的财务自平衡更加重要。因此，从产业价值链分析角度，PPP 模式的财务自平衡可以分为项目内财务自平衡和区域内财务自平衡。项目内财务自平衡主要是传统单体 PPP 项目分析方法，只考虑项目内盈利模式；区域内财务自平衡适用于开发性 PPP 项目分析方法，它适合考虑土地开发和产业开发的区域内产业价值链的全生命周期分析。

2. 开发性 PPP 模式的项目内财务自平衡。

从上述分析可知，PPP 项目的财务自平衡能力可以用项目回报中使用者付费占比来衡量。我们以已落地的所有回报机制类型的开发性 PPP 项目为统计样本，统计显示：特色小镇开发性 PPP 项目的使用者付费平均占比接近 50%，它的项目内财务自平衡能力最高；产业新城 PPP 项目的项目内财务自平衡能力最低。这是因为特色小镇开发性 PPP 项目包含大量特色产业运营内容，而产业新城则主要是产业链前期的产业招商和发展服务，区域内的二级产业投资并没有内部化到项目中去。

3. 开发性 PPP 模式的区域内财务自平衡。

开发性 PPP 模式的区域内财务自平衡能力是指开发合作区域内，开发性 PPP 投资带来的可以预测和计量的全产业价值链回报可以覆盖投资成本的程度。开发性 PPP 对产业链的开发包括基础设施、土地开发和产业开发，计算在合作区域范围内产业链边界内的回报，主要包括项目内使用者付费、土地出让金留成和产业投资带来的税收。

我们以已落地的所有回报机制类型的开发性 PPP 项目为统计样本，统计显示（见图 4－9），产业新城项目的使用者付费占比平均为 4.9%，土地出让金收入留成占比平均为 48.2%，税收留成占比平均为 86.9%，总计区域内投资的财务回报覆盖率达到 140%，这意味着产业新城 PPP

完全能够实现区域内财务自平衡。园区类开发性 PPP 项目的使用者付费占比平均为 16.4%，土地出让金收入留成占比平均为 36.8%，税收留成占比平均为 57.9%，总计区域内投资的财务回报覆盖率达到 111%，这意味着园区类开发性 PPP 项也能够实现区域内财务自平衡。特色小镇开发性 PPP 项目的产业服务内容相对较少，并且缺乏足够的统计数据，但是根据经验分析，特色小镇开发性 PPP 项目基本可以实现区域内财务自平衡。全域旅游开发性 PPP 项目是否能够实现区域内财务自平衡难以估计。

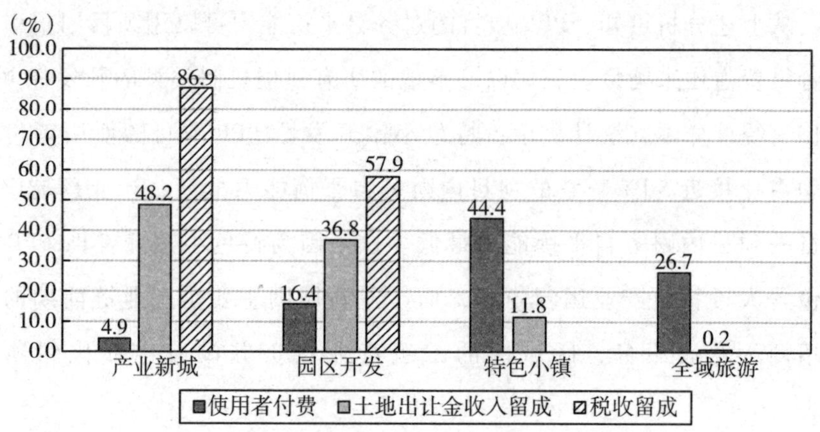

图 4－9　开发性 PPP 区域财务自平衡分析

三、开发性 PPP 模式对地方财政可持续性影响

前面关于地方财政可持续性理论分析显示，影响地方财政可持续性的主要因素包括：区域经济可持续发展、地方财政运行和债务风险、政府间财政体制。由于长期内政府间财政体制基本不变，以下结合开发性 PPP 模式的盈利模式和财务自平衡能力，分析它对地方财政可持续性的影响。

（一）开发性 PPP 促进区域经济可持续发展

开发性 PPP 项目以区域可持续发展为目标，通过合作区域内的规划设计服务、土地整理、基础设施和公共设施的建设和运营，产业的引入、运营和发展，以及项目带动区域内的各类商业、产业投资，整体提升了合作区域的投资强度、城市面貌和就业率，不仅大大提高区域财政收入，也提高区域内人均收入和居民幸福感，促进了区域产业、经济、社会的全面、综合、可持续发展。

产业的不断发展壮大将增加当地就业岗位，改变当地居民的收入结构和生产方式，社会资本方通过市场化方式提供生活配套设施和教育、医疗等公共服务，保障原住民和新进入居民分享到同等公共服务、同等生活环境、同等生活质量的新型城镇化的红利，将极大提高人民生活的幸福感、归属感。

以固安县产业新城为例，从华夏幸福 2003 年进入固安县进行产业新城整体开发以来，固安县的城市化率（城镇人口占全县总人口比例）由 2003 年的 15.6% 提高到 2016 年的 33.6%，城市化率提高了一倍还多。经过 16 年的经济发展，城镇居民人均收入由 2003 年的 7 000 元提高至 2017 年的 3.4 万元，年均增长 12.6%。通过搭建职业培训体系、投资建设固安职业学院等配套措施，固安工业园区累计就业人口达 3 万人，较 2002 年就业人口实现近 10 倍的增长。

（二）开发性 PPP 模式不会给地方带来显著财政风险

计算在合作区域范围内产业链边界内的回报，包括项目内使用者付费、土地出让金留成和产业投资带来的税收，产业新城 PPP 区域内投资的财务回报覆盖率达到 140%，园区类开发性 PPP 项目区域内投资的财务回报覆盖率达到 111%，开发性 PPP 项目基本能够实现区域内财务自平衡。

虽然仅从项目投资内部看，项目的财务自平衡能力不强，但考虑到土地出让金留成和产业投资带来的税收收入都是由项目产业开发带来的，属于可计量和预期的收入，不会给地方未来财政收入带来不确定性。因此，从区域全产业价值链视角来看，开发性 PPP 项目基本可以实现财务自平衡，不会给地方带来显著财政风险。

第五章 开发性PPP模式的物有所值与风险治理

第一节 PPP物有所值和风险治理的一般理论

一、物有所值与价值推动因素

传统政府投资项目中，项目建设和运营往往存在诸多问题，如工程延期、预算超支、运营低效等，导致政府投资项目的效率低下和财政资金浪费。PPP模式在全世界得到广泛应用，被认为相比于传统政府投资项目，更具效率优势，即物有所值。英国较早提出了PPP“物有所值”概念。英国财政部提出“物有所值是产品或服务全生命周期内成本和质量的最优组合”，这一概念被广泛接受和使用。也有很多学者认为物有所值的核心是管理学上的“3E”，即经济性（Economy）、效率性（Efficiency）和有效性（Effectiveness）（Glendinning，1998；Grimsey & Lewis，2005）。

相比于传统政府采购模式，推动基础设施和公共服务更为有效和物有所值的因素是什么呢？世界银行（2017）认为，用于提升基础设施服务物有所值的机制，即PPP价值推动因素，包括：第一，全生命周期成本规划，把项目的设计、建设、运营维护统一交给社会资本方，可以减少项目成本，因为责任融合可以给社会资本方提供有效的激励；第二，风险转移，将风险分配给能更好管理风险的社会资本，可以减少政府的项目成本和纳税人的风险；第三，运营维护的前期承诺和全生命周期成本规划的可预见性和透明度，这些承诺加强了全生命周期内预算可预见性，并降低项目后期运营维护资金不足的风险；第四，专注于服务交付；第五，创新，合同规定产出的结果导向以及竞争性采购机制都可以有效鼓励社会资本方的创新活动；第六，资产使用，优化资产的使用，可以提供更多、更好的服务，从而为项目带来更多的现金流；第七，调动额外的资金，社会资本可以更好地向使用者收费，并为基础设施融资提供替代资金来源；第八，责任机制，即绩效付费机制。

经过全球范围的多年实践，关于推动基础设施物有所值的价值因素存在很多争议，这些因素不是一成不变的，而是相互结合、难以分开的。但风险转移和提供社会资本激励是物有所值的核心价值要素，这一点取得越来越多的共识。

二、物有所值（效率）的核心是风险和激励

越来越多的研究是从风险配置和激励的角度来分析和理解 PPP。他们认为，有效的风险分配是实现 PPP 提高效率、获得更高物有所值的关键。PPP 与传统政府采购方式显著的不同在于，政府与社会资本缔结长期合约，通过有效的风险安排并提供适当的激励，能够降低成本，提高效率，达到物有所值。政府和社会资本通过合理的风险配置——最大化的控制和影响风险或者以最小成本的方式承担（吸收或转移）风险，实现资金利用的最大价值（VFM）。相比于传统的政府提供方式，PPP 的效率取决于合同双方最大程度限制风险的能力、政府向社会资本有效转移风险的程度，或者说双方风险共治的效果（Grimsey & Lewis，2004；Engel，E et al. 2013；Saussier & Brux，2018；刘尚希、赵福军、

陈少强，2017）。最优的风险安排（转移）是通过功能（责任）分配和付费机制来实现的（World Bank，2017）。

（一）功能（责任）分配与有效风险分配

一般来说，有效风险分配的基本原则包括：第一，对于可控风险，让最有能力控制风险的一方来承担；第二，对于不可控风险，如果一方能够预测，并且有决策权来影响结果，那么他应该承担风险；第三，对于不可控制，也无法改变结果的风险，让有能力以最低成本吸收的一方承担（Irwin，2007）。换个角度来说：让更有能力控制风险的一方承担风险；若双方控制风险能力相同，让更有能力承受风险的一方承担（Irwin，2007；Iossa，et al.，2007）。

PPP 项目风险大体可分为八种类型：建设风险、运营和维护风险、业绩风险、残值风险、政策风险、需求风险、金融风险和政治风险（Engel，E et al.，2013）。根据有效风险分配原则，这些风险可以分为三类：适宜转移给社会资本的风险、适宜政府自担的风险和适宜双方共担的风险。

1. 政府向社会资本转移风险。

政府通过功能分配，把设计、施工、运营和维护、融资等功能环节的责任和权利分配给社会资本，相应的也把这些可控风险转移给了社会资本（World Bank，2017）。社会资本利用功能捆绑和风险管理技术，将这些可控风险内生化，并提高项目价值，这也是一般 PPP 项目物有所值的来源。例如，为了减少运营阶段设施过度使用和损毁的风险，可以在建设阶段提高规格和加强质量管理，通过在建设和运营两个阶段统筹风险管理来减少项目综合风险水平。

2. 政府自担风险。

政治、政策和残值风险由政府自担，因为这些风险往往与政府有关，并且政府更有能力控制或承担这类风险。项目残值风险取决于政府规划决策，是政府控制或创造的，理应由政府承担。对于政治和政策风险，政府（尤其是地方政府）和社会资本都无法控制这类风险，但政府比社会资本更有能力承担这些风险，因此也应该由政府自担。

3. 政府与社会资本分担需求风险。

项目的需求风险与项目所处行业的竞争性、用户数量，以及向公众收费的性质、难度、规模、变化、可预测性等因素有关。需求风险常常具有较大的外生性，基本属于不可控风险①。需求风险比较复杂，要视情况而定。

如果政府（或社会资本方）能够预测到需求风险并且有决策权来改变结果，根据风险配置第二条原则，他应该承担需求风险并进行相机抉择。例如，如果政府预测到某个高速公路项目的需求风险较大，难以收回投资成本，那么他可能会放弃这个项目计划。如果社会资本预测到这个项目的需求风险较大，但会随着经济形势发展而好转，那么他可能会选择一种期权方案，分阶段进行投资。这种情况下，将需求风险和相应的决策权配置给社会资本方是有利的。

如果无法准确预测需求风险，或者即使预测到风险也无法改变决策结果（例如，经常发生的政府规划必须实施的项目，社会资本无法改变政府决策，只能选择是否参与），根据风险配置第三条原则，将由有能力以最低成本吸收的一方承担。考虑到政府更有能力分散风险，因此比社会资本风险厌恶程度要低，需求风险应由政府承担。此外，政府向社会资本转移风险的程度取决于项目的需求风险性质和付费机制。例

① 一般来说，基础设施类需求风险与宏观经济状况、人们收入水平等众多因素有关，企业很难影响需求风险。当然，也有一些特殊行业有所不同。例如，园区的污水处理项目，如果园区内用户数量不多，需求风险的指向就相对明确。也有一些偏市场的行业，某些企业凭借特殊的市场地位和技术可以影响到需求。

如，政府计划一条高速公路，并事先制订了投资方案，社会资本无法影响决策的结果，那么他只能根据预测的需求风险来决定是否参与项目。但如果政府提供适当的可行性缺口补助来分担风险，那么社会资本参加项目的概率将大大增加。

总之，若需求风险较小，可由社会资本方承担；若需求风险较大，应由能够预测并有能力影响决策和实施结果的一方承担需求风险；若需求不确定性很大，双方都无法精准预测和影响需求风险，一般情况下，应由政府方承担需求风险。因为政府方承受风险的能力更强[①]，让社会资本承担过多无法承担的需求风险，只会提高项目的总成本（Hall，1998；刘新平、王守清，2006）。

（二）回报机制与有效风险分配

1. 需求风险与最优回报机制。

项目的付费机制决定了需求风险分配方式，合意的付费机制和最优需求风险安排取决于需求风险状况和合同双方的风险偏好。假定政府和社会资本都是风险厌恶型[②]，付费机制的原则是：第一，当预期使用者付费稳定且能覆盖项目投资成本和合理回报，项目需求风险较小，应优先采用使用者付费机制，社会资本方承担全部需求风险并获得最大激励，这正是传统典型的特许经营项目[③]。第二，当需求不确定性很大时（例如，项目基本没有收费基础，或者可能有一定的使用者付费但不确定性很大），最优付费机制是可用性付费（政府付费），应由政府承担全部需求风险。第三，介于前两者之间的情况。当预期使用者付费较为稳定，但不能覆盖项目投资成本和合理回报时，采用使用者付费和可用

① 政府的风险厌恶程度比社会资本要低一些，政府可以把风险分散给纳税人。

② 投资基础设施一般追求的是长期、稳定和相对较低的回报，属于风险厌恶型。

③ 例如，在法国和巴西，特许经营和 PPP 是两套不同的体系，特许经营专指使用者付费项目。

性付费混合机制，或者可以看作特许经营与政府购买服务混合机制，我国现行政策法规称之为“可行性缺口补助机制”。根据预计的项目需求规模和竞争机制决定合同约定的使用者付费比例，也就确定了社会资本承担的最低需求风险，剩余的需求风险敞口则由政府付费来承担，即可行性缺口补助。

需求风险通常是外生的、不可控的风险，也是风险厌恶型投资者最无力面对的风险。政府通过财政补助分担需求风险，可以提升投资者回收成本及合理利润的预期，也提高了项目的可融资性。但同时，政府分担了部分需求风险，向社会资本转移的需求风险和提供的激励就少了，因此，相比于使用者付费项目，可行性缺口补助项目的效率有所下降。

一般来说，政府向社会资本转移的风险越多，向社会资本提供的激励也越多，PPP 项目的效率也越高。因此，按付费机制分类，使用者付费项目的效率最高，可行性缺口补助项目的效率次之，政府付费项目的效率最接近传统政府采购项目。项目需求风险状况和合同双方的风险偏好决定了最合适的付费机制。在设计项目交易结构时，政府必须在效率损失和项目可融资性之间进行权衡。

2. 最低需求风险与最大支出责任的确定。

可行性缺口补助项目是指在使用者付费不能覆盖社会资本投资成本与合理利润时，由政府提供可行性缺口补助。在实际操作中，一般由政府在项目规划设计期间预测使用者付费的规模。在采购社会资本时，政府可以将预测的使用者付费规模作为投标标的，通过竞争机制，提高合同约定的使用者付费基本值。合同确定的使用者付费基本值将对政府与社会资本之间需求风险分担做出明确划分，确定社会资本承担的最小需求风险和政府承担的最大可行性缺口补助支出责任。

在项目运营过程中，如果实际使用者付费收入达不到预测规模时，风险将由社会资本承担，这也是社会资本承担最低需求风险的含义。政府不能通过保底等约定对社会资本进行补偿。当实际使用者付费收入超过预测规模时，政府与社会双方根据合同约定就超额利润进行分红。

合同约定的由社会资本承担的最低需求风险对于项目的执行至关重要。如果实际运行中社会资本承担的需求风险过高，社会资本就无法收回投资成本并取得合理利润，项目将面临再谈判和失败的风险。因此，政府在设计这类项目的合同时，要充分考虑到项目可行性和可融资性的平衡。做好对使用者付费规模及变化的预测，通过良好的预测和竞争性社会资本采购，实现政府和社会资本对需求风险的合理分担。

反过来，合格的社会资本肯定要对其承担的最低需求风险进行评估，如果偏离较大，可以选择与政府进行谈判或者选择放弃项目。

第二节　提升开发性 PPP 物有所值的风险治理水平

开发性 PPP 模式是新型城镇化发展背景下的合作区域整体开发和全产业价值链开发模式，仅仅对单体项目的风险和物有所值进行评价难以完全体现开发性 PPP 模式的意义和价值，应采取整体区域范围内、全产业价值链的综合评价方式。

开发性 PPP 模式最大的突出优势是在区域整体开发中，通过不同的产业链开发、不同的子项目打包以及全生命周期的资源整合利用，形成风险的对冲。这样，不同于单体项目中风险在政府和社会资本双方之间的分担，而是整体的风险对冲，有利于减少和化解各类风险。

一、全生命周期责任整合与风险对冲，减少项目风险，提升物有所值

（一）产业链的全生命周期内整合程度更高

开发性 PPP 模式的合作内容不仅包括基础设施服务，一般还包括土地整理服务和产业开发服务。以产业链视角分析，它包括基础设施产业价值链、产业开发服务的产业价值链。基础设施产业价值链包括基础设施投融资、建设、运营维护、公众使用等；产业开发服务的产业价值链包括产业招商和发展服务、特色产业运营、非公共性产业投资和经营等。

从项目综合打包产业价值链融合来看，开发性 PPP 可以将几个不同维度的产业价值链进行空间上融合和成本 - 价值的融合，通过产业价值链不同环节的有机融合，实现风险对冲和价值增值，也即提升了项目的物有所值。

采用开发性 PPP 模式，可以把开发性 PPP 项目的前期城市建设和产业规划及设计、投融资、建设、产业发展和服务、运营等均由一个社会资本方负责，政府方只需要通过一次政府采购选择本项目的社会资本方，并与社会资本方签订《PPP 项目合同》，将以上事项整合到 PPP 项目合同中。因此，在开发性 PPP 模式下，项目全生命周期整合程度比传统 PPP 项目更高。

（二）社会资本更深入参与前期规划咨询工作，减少发展规划偏差风险

开发性 PPP 项目的合作周期一般较长，平均合作期超过 20 年。开发性 PPP 项目涉及的城市和产业规划，要针对所在合作区域的区位、

未来产业发展规律进行全面研究，并对未来合作期内区域城市功能、产业发展要有一个明确清晰的定位，在此基础上编制区域发展相关的规划，并作为项目推进和区域发展的指导蓝图和路线图。

开发性 PPP 项目包含城镇化建设、产业发展和区域运营，这些内容在前期一旦投入并形成沉淀投资，将面临更大的风险。因此，前期规划必须尽可能具有科学性、前瞻性并具有一定的调整机制。在前期规划中，必须解决诸如：区域当前定位、发展阶段、发展目标和未来发展趋势，周边发展趋势及项目合作区域对周边发展所产生的影响，决定项目健康运营和区域可持续发展的关键因素，项目推进过程中如果产生阻碍如何调整，区域和项目可持续发展需要什么资源支撑及可获得性，等等。

此外，由于合同的不完备性，政府和社会资本签署的 PPP 合同不可能把未来所有情况都考虑进去。在项目推进过程中，实际情况与当初制订的规划出现了重大偏差，将是政府和社会资本共同面临的首要风险。

因此，运用开发性 PPP 模式，社会资本更深入介入区域城市规划和产业规划，并在项目推进过程中更积极地介入规划调整决策中，有利于减少整体项目方向性的发展偏差风险。

二、土地和产业开发相关的运营和市场风险更高，需要风险偏好型的产业社会资本

开发性 PPP 项目的需求风险不稳定、难预测、不确定性高，这种风险性质与之前分析假定风险厌恶型投资者难以匹配，双方很难就最低需求风险达成一致。因此，开发性 PPP 项目只适合于风险偏好型投资者。

以固安高新区为例，项目“产业综合发展服务费”是依据落地投资额计量的，因此，如出现规划失当、园区企业入住量少、发展状况不佳的风险，这部分风险将由社会资本方承担，从而分担了政府方在这一问题上的风险。

如果政府和社会资本都是风险厌恶型的，由于项目的需求风险不确定性较大，政府和风险厌恶型社会资本很难就最小需求风险达成一致。政府为了推行项目，只能加大可行性缺口补助以保证项目的可融资性，同时也将承担更多的需求风险。即使表面上不加大补助，也要通过其他隐含的、更高成本的方式进行隐性补偿，如施工利润让利、土地优惠等。然而，加大可行性缺口补助比例，也会有不利后果：

第一，PPP 项目融资模式与偏商业性投融资模式不匹配。PPP 项目要求的资本金比例（最低要求 20% 左右）远低于一般股权投资项目。低股高债的项目融资结构，项目风险又较高，银行一般会要求更高的融资成本或者担保。政府加大可行性缺口补助，减少了社会资本承担的需求风险或者担保缺口，事实上形成政府用财政资金为偏商业性开发项目承担风险的局面。一旦项目实际收入大大低于预期时，政府将承担过多的项目失败责任。正因如此，创业型的商业项目只适合风险投资人，而不适合债权投资人。

第二，对于一些商业性捆绑内容比例过高的项目，商业性收入比例增加，会减少公共服务与社会资本回报之间的联系。项目公司收益来源主要是项目商业性收入和政府补助，对改善公共服务的激励大大下降，可能造成按效付费失灵和公共服务质量下降，甚至还可能会出现一种现象：即项目公司营业收入增加，但公共服务质量却下降了。如果按效付费机制得到严格执行，政府还要扣减可行性缺口补助。

对于开发性 PPP 项目，因为有合理利润设定，以及需求的不确定性，如果政府不加大补助，风险厌恶型的投资者投资意愿则较低。但对于风险偏好型投资者，尤其是在相关行业具有特别专业技术和管理水平的社会资本，他们能够通过技术、管理、市场等领域的创新来减少需求风险，或者不具备影响需求的能力，但他们可能通过产业链或其他技术分散风险。

实践中，政府与社会资本双方处于相互选择和竞争态势，专业的、风险偏好型的合格社会资本也是稀缺资源。从这个意义上说，政府在竞争谈判中很可能会付出更高的成本。

三、分期滚动开发的期权投资方式，减少项目投资过大带来的融资风险

（一）土地开发风险

土地开发产业链包括前期的征拆补偿、“七通一平”等基础建设，一级土地出让，二级土地市场开发等。这其中既包括土地建设手续报批和征拆的行政风险，更包括一级出让和后续开发投资回报不足的市场风险。

在新常态经济形势下，国家为了防范金融风险，对土地市场开发尤其是房地产开发审慎调控，地方的政府性基金收入增长开始快速回落，产业招商也遇到困难，土地产业链开发风险剧增。

（二）产业开发与发展的风险

1. 产业发展达不到预期。

与传统单体 PPP 项目相比，开发性 PPP 项目具有投资规模大、合作周期性、服务内容综合性等特点，因此，对社会资本方的运营能力提出了巨大挑战，并且需要社会资本方自身具有较高的能力和长达数十年的持续付出。在项目运作过程，社会资本也面临较大的风险，判断或行

动失误以及多种外部不可控因素等多项风险都可能直接影响收益水平。

产业发展服务是开发性 PPP 项目的核心和重点，它包括产业招商、产业孵化、产业导入、产业服务、产业运营等。要提供高效、优质的产业发展服务，需要社会资本方以问题导向提供涵盖科创研发、金融支持、人才吸引、基础设施体系建设、中小企业孵化聚集等多方面的产业发展综合解决方案，同时，还需通过不断积累和完善的大客户、大数据、圈层营销等关键资源，依托以行业为主线的专业化招商团队，通过龙头引领、产业链整合、孵化提升等模式，加速产业集聚和升级，为合作区域创新发展和产业转型提供持续的发展动力。产业发展服务的内容和质量，将影响合作区域发展效果，进而影响政府的财政收入和社会资本方的收益情况。如果产业招商效果不佳、产业集群打造目标无法实现，都将在不同程度上影响高新区的发展，将成为影响社会资本方收益的重要风险。

2. 产城融合滞后。

“以人为本”和“产城融合”是开发性 PPP 模式的基本发展理念。为此，一是要全面推进基础设施和公共服务设施建设，建立完善的城市运营体系，确保市政设施运转顺畅，提升城市的生产和生活承载能力；二是要彰显区域特色，塑造城市精神，创造更有人文底蕴的城市生活。为实现上述目标，需要社会资本方深刻理解“人的根本需求”和城市发展规律，进而以“满足人的生产、生活、发展等各项需求”为根本目标，在规划产业发展所需设施之外，也考虑生活设施和公共服务供给等影响居民生活质量和幸福感的关键要素，制订符合城市发展规律的战略和策略，真正实现“产城融合”。

与产业发展相比，人和城市是更为复杂的系统，对其需求和发展规律的认识更为困难，且其内（外）部环境也有诸多不确定、不可控因素，因此，人口导入、原住民安置、社区建设等工作的成功与否，将直接影响政府和公众对项目效果的评价，进而影响社会资本方的收益。

（三）滚动开发的开发模式

滚动开发就是不同类型的子项目、不同的地块根据实际情况有序、分阶段、分期进行开发；通过滚动结算的方式来缓解融资压力，同时也可以通过前期开发效果来带动后期土地升值并减少产业导入的成本，最大化的挖掘项目的价值。

开发性 PPP 项目包含了多个单体项目，合作区域土地面积广阔，投资较大，合作周期长，土地获得、土地出让和产业导入的效果对整体项目的成败至关重要。并且，开发性 PPP 项目通常采取的是将土地、城镇建设和产业服务一次性整体打包进行委托。为了减少整体开发带来的投资风险，当涉及多个不同类型子项目或者大面积和大投资开发时，开发性 PPP 项目经常采用滚动开发的开发模式，这种类似实物期权的投资模式可以有效规避风险。

四、开发性 PPP 模式“自我造血”功能的强盈利模式，减少项目可融资性风险

传统的单体基础设施 PPP 项目的产业价值链包括从项目公司投资、基础设施建设、基础设施运营、最终用户使用公共服务等。项目公司的回报主要有两个来源：付费用户形成的使用者付费、政府的政府付费或财政补贴。如果项目没有充足的市场收费来源，项目的可融资性就会不足。政府必须在项目可融资性和加大财政付费之间进行权衡。但基础设施产生服务潜流带来的社会收益难以评估，也就是说传统单体基础设施不具备强盈利模式。

开发性 PPP 模式的重要特征是以产业开发服务为核心。它不仅包

括基础设施服务，还包括土地开发和产业开发服务。以产业价值链分析，它一般包括基础设施产业价值链、土地开发价值链、产业开发服务价值链。产业链下游的延伸包括一级土地出让、土地二级开发、住宅和商业地产开发、非公共性产业投资和经营等由项目公司边界外的社会资本和其他企业进行投资。这些产业的税收收入虽然不能直接进入项目公司盈利，但他们属于区域产业价值链的重要组成部分，这些价值增值都可以清晰确认和计量，可以测算是否可以覆盖区域内的总投资成本，它们形成的税收留成进入一般公共预算，最后成为 PPP 财政支出责任的主要部分。因此，开发性 PPP 模式具备良好的“自我造血”机制。

以已落地的所有回报机制类型的开发性 PPP 项目为统计样本，产业新城项目的区域内投资的财务回报覆盖率达到 140%，园区类开发性 PPP 项目的区域内投资的财务回报覆盖率达到 110%。这些区域内可计量和“质押”的回报收入，给金融机构带来明确的预期。

开发性 PPP 模式对土地和产业的合理开发带来可预期的价值增值，这种强盈利模式增加了区域现金流创造能力，增强了项目的可融资性，减少了融资风险。

五、开发性 PPP 的区域财务自平衡能力，提高区域财政可持续性，减少地方财政风险

开发性 PPP 不仅具备“自我造血”机能的盈利模式，也给地方政府的财政可持续性带来积极影响，减少地方财政风险。

（一）通过区域全产业链运作模式，提高区域财务自平衡能力，提高区域财政可持续性

开发性 PPP 模式的区域内财务自平衡能力是指开发合作区域内，

开发性PPP投资带来的可以预测和计量的全产业价值链回报可以覆盖投资成本的程度。开发性PPP对产业链的开发包括基础设施、土地开发和产业开发，计算在合作区域范围内产业链边界内的回报，主要包括项目内使用者付费、土地出让金留成和产业投资带来的税收。虽然仅从项目投资内部看，项目的财务自平衡能力不强，但考虑到土地出让金留成和产业投资带来的税收收入都是由项目产业开发带来的，属于可计量和预期的收入，不会给地方未来财政收入带来不确定性。因此，从区域全产业价值链视角来看，开发性PPP项目基本可以实现财务自平衡，不会给地方带来显著财政风险。

（二）减少财政承受能力风险

计算在合作区域范围内产业链边界内的回报，包括项目内使用者付费、土地出让金留成和产业投资带来的税收，产业新城PPP区域内投资的财务回报覆盖率达到140%，园区类开发性PPP项目区域内投资的财务回报覆盖率达到110%，开发性PPP项目基本能够实现区域内财务自平衡，不会给地方带来显著财政风险。

以华夏幸福主导的产业新城PPP项目为例。政府将委托区域内土地出让收入、税收收入、其他非税收入等财政收入的一定比例作为支付项目公司费用的资金来源，具体政府付费机制将在项目采购阶段通过采购谈判确定。政府付费项目上限不高于区域年度新增财政收入的约定比例，若财政收入不增加，企业无利润分享，不形成政府债务。

六、区域可持续发展模式，减少区域社会公共风险

（一）区域可持续发展模式

开发性PPP项目以区域可持续发展为目标，通过合作区域内的规

划设计服务、土地整理、基础设施和公共设施的建设和运营，产业的引入、运营和发展，以及项目带动区域内的各类商业、产业投资，整体提升了合作区域的投资强度、城市面貌和就业率，不仅大大提高区域财政收入，也提高区域内人均收入和居民幸福感，促进了区域产业、经济、社会的全面、综合、可持续发展。

产业的不断发展壮大将增加当地就业岗位，改变当地居民的收入结构和生产方式，社会资本方通过市场化方式提供生活配套设施和教育、医疗等公共服务，保障原住民和新进入居民分享到同等公共服务、同等生活环境、同等生活质量的新型城镇化的红利，将极大提高人民生活的幸福感、归属感。

（二）信息公开和公众监督

在信息传播日益迅速、民众参与意识日益高涨的今天，发挥公众的监督作用越发重要。政府应该鼓励公众参与，以促进项目公司业务水平和管理水平的提升。项目公司也非单纯的公众监督的被动承受者，应主动建立一套有效的公众沟通机制，具体包括：重大事项公示、建立通畅的公众意见反馈的渠道、搭建媒体沟通平台、重大事项的听证机制，等等。

以固安高新区 PPP 投资为例。社会资本方需每年向政府方提交《年度综合开发计划书》，经政府方审核后方可实施。政府方每年年底将据此进行考核，并对社会资本方的工作提出建议，有助于政府方了解并掌控项目的进展情况。每五年政府方将开展中期评估，对社会资本方的综合开发成效进行评估，并根据评估结果调整双方合作方式，这使政府方能够根据项目实施情况进行动态调节，保持了一定的灵活性。

居民及公众对项目公司提供的服务进行监督，并有权对其项目实施机构、市政府进行投诉或提出意见。为保障公众知情权，接受社会监督，特许经营协议中明确约定项目公司依法公开披露相关信息的义务。关于信息披露和公开的范围，一般的原则是，除法律明文规定可以不予公开的信息外（如涉及国家安全和利益的国家秘密），其他的信息均应依据法律法规的规定和特许经营协议约定予以公开披露。

值得注意的是，行政监管、履约管理、公众监督三方面是一个相互交织的系统。在当前国内 PPP 项目监管体系并不完善的情况下，行政监管仍然是监管的主要方式。但行政监管在一些关键问题上，有时会显得鞭长莫及，如后续运营效果的评估和持续改善、运营成本的监督等。未来，随着履约管理和公众监督在 PPP 项目监管中受到越来越多的重视，基于项目协议的履约管理和广泛的公众参与将对 PPP 项目的公共监管体系的完善起到很大的促进作用。

第六章

开发性 PPP 模式的政府管理与绩效考核

第一节　开发性 PPP 模式的政府管理

一、PPP 政府管理的基本涵义及内容

（一）PPP 政府管理的基本涵义

PPP 项目政府管理是指在 PPP 模式操作的全生命周期内，政府运用一套章法严格、透明公正、接续有致、环环相扣的工作程序，以项目实施机构的牵头负责为中心，整合多部门的行政管理职能，借助第三方机构的专业支持，并吸纳社会大众的民主参与，对 PPP 项目涉及制度规范的建设、整体规划的布局、市场秩序的维护、政府保证的履行、风险态势的监控、服务质量的保障、违规行为的纠正等方面进行全面管理的行为。

（二）PPP 政府管理的内容

PPP 项目政府管理可划分为事前管理、事中管理与事后管理三个部分。其中，事前管理以确保项目建设合法合理、降低未来合作风险为目标，是发生于项目识别阶段、准备阶段、采购阶段的管理，内容包括立项审批监管、物有所值评价、财政承受能力论证、采购程序监管、风险

分配监管、合同签署监管等；事中管理，发生于项目执行阶段与移交阶段，以保障项目合同的适当履行为目标，以监测社会资本的具体行为为重点，即政府依据合同约定的项目产出标准和要求，对合同履行过程中社会资本的履约行为进行监督管理，并通过各类保障机制对社会资本的偏差行为进行纠正的过程。对于一般项目，事中管理具体可以分为建设期管理和运营期管理，其中建设期主要包含工程进度控制、工程质量保障、施工安全管理、资金安全管理、竣工验收等，运营监管主要包括服务质量监管、服务价格调整、运营成本控制、运营绩效评价和项目中期评估等。事后审核管理以验证项目物有所值程度、积累 PPP 模式管理经验为目标，是发生于项目合作终止、资产移交后的管理，内容包括项目的成本收益核算、缺陷责任担保、物有所值的定量验证、审计部门的检查监督、实施单位组织的项目绩效评价等。

（三）PPP 政府管理的必要性

PPP 模式中，政府和社会资本共同组建的项目公司负责项目的设计、勘测、融资、建设、运营和管理。从政府的角度来看，社会资本在项目建设、运营过程中拥有更多与项目相关的信息，容易导致道德风险。建设期，承建商可能会偷工减料，降低原材料成本；运营期，出于自身利益最大化，社会资本可能会粉饰报表，做低利润，减少项目分红或是要求更多补贴；资产移交前期，社会资本可能会侵蚀国有资产，损害国家利益。同时，政府通过 PPP 模式引入社会资本虽然可以增加供给、优化风险、提高公共服务效率和质量、促进创新和公平竞争，但基础设施行业的自然垄断特性、特许经营权的排他性和资源的稀缺性，无法规避垄断的低效性，无法规避因垄断的低效性带来的公共福利减少和公众负担加重。比如，在医疗养老行业，由于资源的缺乏，容易导致服务行业收费较高，成为普通老百姓眼中的奢侈品；在自来水行业中，由于水价受限，自来水厂会通过压缩成本，满足自身的利益，而忽略水质和公众的饮水安全。政府出于实现公众利益和社会效益最大化的目标，必须对 PPP 项目参与主体和参与单位进行监管。

二、我国 PPP 政府管理的现状与问题分析

（一）我国 PPP 政府管理现状

在我国现有政府管理体系中，以政府行政监管为主。国务院发展改革、财政、国土、环保、住房城乡建设、交通运输、水利、能源、金融、安全监管等有关部门按照各自职责，负责相关领域基础设施和公共服务行业的特许经营规章、政策制定和监督管理工作。

（二）我国 PPP 政府管理存在问题分析

1. PPP 相关法律法规不健全。

目前，我国 PPP 运作和管理大多依据的是财政部和其他部委颁布的规范性文件，只有国家发展改革委等六部委联合颁布的 25 号令《基础设施和公用事业特许经营管理》达到了部门规章的级别。从法理上讲，虽然《中华人民共和国合同法》《中华人民共和国政府采购法》《中华人民共和国预算法》等法律法规都适用于 PPP 项目建设、运营管理，但 PPP 项目较为复杂，风险较大，而且已有的法律在 PPP 的运用上也有时不适合甚至相冲突。

投资者权益保障和信心在 PPP 项目发展中具有举足轻重的地位。由于项目周期普遍较长，而官员任期相对较短，如果缺少顶层法律法规体系做保障而仅靠政府主管部门发布的 PPP 政策指南、PPP 项目合同范本，难以有效打消投资者的顾虑并在近期内较大规模推动 PPP 模式发展。

2. 监管机构主体混乱。

PPP 项目涉及众多法律关系和主管单位，目前我国没有统一的 PPP 项目监管机构，导致 PPP 项目审批程序复杂，责任划分不清。发展改革委、建设部、交通部、国土资源部、财政部等多个部门同时对同一 PPP 项目的各个方面都有控制力量，政出多门，流程复杂，导致项目决策、管理和实施效率低下。当某一事项监管适用不同监管依据时，就会导致多头管理，监管职责不清、监督管理职能交叉等现象。

3. 缺乏有效的监管机制和监管方法。

在现阶段 PPP 项目推进和实施过程中，项目准入监管借鉴了国外常用的物有所值比较法和竞争性招投标法，但在后期建设、运营和移交阶段缺乏具体的监管机制和方法。尤其对于模式相对负责、综合性强的 PPP 项目，比如本课题聚焦的开发性 PPP 项目，还缺少统一而有效的监管模式和机制。

4. 政策标准不清晰。

各中央部门和各地方政府对 PPP 项目的理解并不相同，所颁布的政策、规定也不尽相同甚至有冲突。PPP 模式的立法工作主要由财政部和国家发展改革委（以下简称“两部委”）分别主导。国家发展改革委认为 PPP 项目大多属于基础设施投资领域，应由国家发展改革委监管；而财政部则认为 PPP 模式是减轻地方政府债务的重要手段，是地方政府新型投融资手段，属于财政部的监管范畴。由于两部委对 PPP 模式的属性和监管主体的认识存在较大的差距，导致两部委出台的相关政策存在较多不一致内容。上述问题导致地方政府、民间资本尤其是外资在选择某些项目时顾虑过多，或因对地方法规的理解不到位而造成亏损，严重打击了民间投资者的积极性。

5. 重建设、轻运营的旧监管理念。

有些地方政府受长期以来形成的“重建设、轻运营”思路影响，忽视对项目运营的监管，在运营过程中的监管不到位甚至听之任之，这样就会导致产品质量下降、经营不善、服务效率降低甚至中断等问题的出现，损害公众的利益，违背了 PPP 项目“更好提供公共产品和服务”的设计初衷。

6. 监管能力不足、缺乏专业人才。

首先，由于 PPP 项目的生命周期长，操作流程复杂，项目建设与运营管理中的参与主体多、组织关系复杂，要求监管人员熟悉 PPP 项目相关操作流程和政策法规。其次，不同类型的项目在技术经济上各有特点，从规划、投资、建设到运营的整个过程涉及的问题庞杂，不仅有专业的技术问题，还有法律、管理、审计、财务等各个方面的问题，因此需要一支既懂得合同法规，又懂得项目投资、项目管理及风险管理等各方面基本专业知识和技能的高素质人才队伍，也只有这样，才能对 PPP 项目在建设运营中进行全方位有效的监管。

7. 社会监督体系不完善、流于形式。

一方面由于公众对 PPP 项目的监督责任意识不足，参与性不够、专业性欠缺，很少或几乎没有提出建议；另一方面，地方政府缺少社会监督的落地机制，公众不能采取有效的方式对 PPP 项目出现的问题进行监督，无法快速将发现的问题及时报送到相关部门。

三、契合开发性 PPP 模式特点的政府管理新模式

（一）开发性 PPP 模式政府监管应注意的事项

首先，在开发性 PPP 政府管理的理念上，逐步从“大政府”到“小政府”转变，从以前的政府主导的开发性基础设施建设，缩小到政府着重前期区域总体规划和发展目标的科学设定与政策引导、中期绩效考核、后期验收监督的模式。开发性 PPP 涉及城市规划、公用事业、

基础设施及其他社会事业、公共设施配套，包括各类经营性或非经营型项目，政府公共管理、社区治理、产业导入等方面的内容。合作内容可以等同于城市或区域经营，这一类项目特点就是它的边界不清晰，政府与投资人合作更为复杂，与一般的 PPP 项目政府管理相比，政府需要比一般的 PPP 项目施行更多的放权。

其次，在政府管理方式上，开发性 PPP 模式的政府管理应以结果为导向。就比如做一道菜，政府不用去管做菜的每一个过程，火要多大、油盐放多少、调料放多少等等，但要明确规定结果和绩效指标。也就是说，政府只要在关键节点和关键内容上监管，比如通过设置严密的绩效考核体系或明确产出结果，并根据完成的绩效向社会资本付费，在项目实施过程中尽可能让社会资本充分发挥技术、管理方面的优势和创新。

最后，在监管重心上，要注意两个严格，即“严格节约集约用地”和“严格控制房地产化倾向”。开发性 PPP 离不开对土地资源的开发，相较于一般的 PPP 项目，开发性 PPP 项目的政府管理需要更加注重节约集约用地，严格遵守国家土地管理相关法律法规，合理节约集约用地，真正做到可持续发展。同时，对引入的产业盈利模式、后期运营方案应重点把关，防止“假产业，真房产”的项目以开发性 PPP 项目名义实施。

（二）开发性 PPP 政府管理理论框架

1. 健全相关法律法规，加强法律监管。

开发性 PPP 的法律监管，主要指开发性 PPP 项目从启动到实施时须受相关法律法规的约束。法律监管是政府管理的现实依据，也是其他管理方式实施的前提。目前，开发性 PPP 作为传统 PPP 的创新模式，同样面临着顶层法律缺失、部分部门规章相互冲突、具体监管部门及监管责任不清晰等现实法律困境。因此，若要实施恰当的政府监督和管理，健康、有序发展开发性 PPP 业务，最主要的是出台高位阶的法律规范，完善 PPP 法律体系，使得政府方、社会资本方有法可依。实践中，应顺应我国新型城镇化发展趋势，在开发性 PPP 法律现状的基础上，通过充分的研究、论证，综合目前已实施开发性 PPP 项目的践行情况，完善 PPP 立法，健全开发性 PPP 法律体系，从法律层面规范开发性 PPP 业务。

2. 明确统一的监管责任主体，增强可操作性。

开发性 PPP 通常涉及区域范围内政府公共管理权力向社会资本的转移，从项目的启动到正式实施、落地的过程中牵涉的政府监管部门较多。但是在实践中，频频发生多个监管机构监管权重合、权责划分不清的情况，导致出现监管机关责任推诿，事中、事后监管缺失等现象。因此，合理的开发性 PPP 政府管理，需在有法可依的基础上确定开发性 PPP 独立、专业的监管机构，明确机构职权。

3. 约束和激励并存。

开发性 PPP 项目的政府管理不仅在于要约束社会资本，而且要设置相应的激励机制，激发社会资本的自我管理。

对社会资本约束是为了规范项目参与主体的行为，激励机制作为辅助方式鼓励社会资本参与和自我约束。对监管对象的约束方式主要体现在价格监管、质量控制、产权约束方面；激励机制主要体现在资金补贴和项目奖励方面。

（1）价格监管。价格监管是开发性 PPP 模式下政府管理的核心内容。自然垄断行业引入市场竞争机制和社会投资人后，按照成本导向法定价很容易导致价格过高，公众难以承受。因此，政府必须制定科学、合理、有效的价格管理机制，兼顾社会公众利益和社会资本利益。定价机制应以促进公平竞争、保障社会公众利益、提高企业生产效率和维护企业利益为目标，充分考虑项目的投资与经营成本、物价指数、税费政策、产品和服务质量、社会公众的消费承受力、行业的平均利润水平等各类因素。

（2）质量控制。质量控制的目标是在保证城市公共安全和保护环境的前提下提供优质的产品和服务。一般情况下，市场竞争会促使企业通过提高产品和服务的质量来增加市场份额，但由于城市基础设施和公共服务具有自然垄断特性，往往只有一家或少数几家企业经营，这样企业会受利益的驱使，降低产品和服务的质量，损害社会公众的利益。因此，为维护和增进社会公众的利益，政府必须对开发性 PPP 项目的质量实行监管。建议项目公司内部建立质量管理制度，包括质量量化标准和指标、质量检验体系和流程、质量考核办法等。

（3）产权约束。产权约束主要体现在所有权约束、经营权约束和剩余索取权方面。PPP 模式下可以通过对项目产权的配置，完善治理结构，实现政府的有效监管，进而提高 PPP 项目的效率。其一，股东及债权人会加强对项目公司的控制。政府部门、社会资本、外部金融机构作为项目投资人，出于自身利益考虑，各投资方都会对项目公司活动进行约束和监控，控制力度取决于其投资比率。其二，从 PPP 运作模式来看，主要有 BOO（建设－拥有－运营）、BOOT（建设－拥有－运营－移交）、BOT（建设－运营－移交）、OM（委托－运营）4 种运作模式，项目公司对项目的控制权依次越来越小，通过选择不同的运作模式，来分配项目公司的权利，进而达到对项目公司约束的目的。其三，政府投资人和社会资本拥有剩余索取权，有权派出监事会监督项目公司，使政府监督、内部监督、社会监督与合同约束相结合。

激励机制主要是通过明确奖惩或引入竞争方式，对项目公司进行正确的引导和激励，包括 PPP 产业基金扶持、国家或省市 PPP 示范项目奖励、专项资金补贴、优质资源捆绑等方式。激励监管：一方面要鼓励更多的社会资本参与到 PPP 项目中来；另一方面，在保障社会公众利益的前提下，实现项目公司合理利润，促进政府部门的投资效率提高。

（三）加强政府管理公开化，确保管理透明

目前，开发性 PPP 项目大部分存在信息公开化程度不高，信息披露情况不足等现象。因开发性 PPP 项目主要以产业导入服务为核心，完善区域内公建配套及公共服务，项目实施的顺利与否直接影响规划范围内居民的整体生活质量及区域内的经济增长状况。因此，在开发性 PPP 实施过程中应加强项目招投标、建设和运营维护、产业导入、招商引资等相关信息的披露，保障公共产品和服务供给的质量与效率。

第二节　开发性 PPP 模式的绩效考核

一、PPP 绩效评价的政策梳理、特征分析及改革要求

（一）PPP 绩效考核的基本界定

关于绩效，学术界有两种主流观点：一种认为绩效是结果和产出；另一种认为绩效是行为和过程。应用在 PPP 项目绩效领域，可形成如下两种论断。

第一，基于结果论，绩效是结果，可以定义为：在项目合作期内，项目公司对具体项目建设的成果及运营维护工作的效果记录。以结果为核心的绩效观点，是仅从项目客体的角度出发，将项目公司的工作与项目的直接产出联系在一起。不同的绩效结果界定，反映了不同项目公司的专业水平。

第二，基于行为论，绩效被定义为一套与项目公司、实施机构

（政府）或结果目标相互关联的行为，而项目公司、实施机构（政府）与结果目标则共同构成了项目公司工作的环境。但并非所有的行为都是绩效。只有有助于结果目标实现的行为才能称为绩效。对于 PPP 项目而言，行为更加能够体现出采用 PPP 模式的目的。

通常意义上，业内说到"PPP 项目绩效考核"均是指"以 PPP 项目公司为考核对象"的考核工作。然而，作为 PPP 项目实施主体的项目公司，由于其"特殊目的"的属性，单一的"结果论"或"行为论"考核存在一定的不足，应当建立相对完善的"行为结果论"考核体系。绩效是结果与行为的综合体，行为是达到绩效结果的条件。行为由项目公司表现出来，将融资、建设、运营、维护任务付诸实施，行为不仅仅是结果的工具，行为本身也是结果，是为完成项目目标所付出的结果，并且能与结果分开进行判断。

（二）PPP 绩效评价相关政策梳理

关于 PPP 项目的绩效评价，现有规定多停留在强调重要性、必要性，以及规定总体原则和宏观框架层面，国家尚无细化的操作办法。随着各类、各层级规范性文件的出台，无论 PPP 项目实施方案还是 PPP 项目合同等环节，对有关绩效考核的设计和约定都在悄然发生着有益变化。梳理 2013 年以来相关政策规定，总结概括 PPP 项目绩效评价要点如下：

《财政部关于推广运用政府和社会资本合作模式有关问题的通知》（财金〔2014〕76 号）中"财政补贴要以项目运营绩效评价结果为依据，综合考虑产品或服务价格、建造成本、运营费用、实际收益率、财政中长期承受能力等因素合理确定。""绩效评价结果应依法对外公开，接受社会监督"等。

《关于在公共服务领域推广政府和社会资本合作模式指导意见的通

知》（国办发〔2015〕42 号）中“政府依据公共服务绩效评价结果向社会资本支付相应对价，保证社会资本获得合理收益。”“在政府和社会资本合作模式下，政府以运营补贴等作为社会资本提供公共服务的对价，以绩效评价结果作为对价支付依据。”“建立政府、公众共同参与的综合性评价体系，建立事前设定绩效目标、事中进行绩效跟踪、事后进行绩效评价的全生命周期绩效管理机制，将政府付费、使用者付费与绩效评价挂钩，并将绩效评价结果作为调价的重要依据，确保实现公共利益最大化”等。

《关于印发政府和社会资本合作模式操作指南（试行）的通知》（财金〔2014〕113 号）中“定期监测项目产出绩效指标，编制季报和年报”“政府有支付义务的，项目实施机构应根据项目合同约定的产出说明，按照实际绩效直接或通知财政部门向社会资本或项目公司及时足额支付”等。

《关于在公共服务领域深入推进政府和社会资本合作工作的通知》（财金〔2016〕90 号）中“要加强项目全生命周期的合同履约管理，确保政府和社会资本双方权利义务对等，政府支出责任与公共服务绩效挂钩。”

《政府和社会资本合作项目财政管理暂行办法》（财金〔2016〕92 号）中“合同应当约定项目具体产出标准和绩效考核指标，明确项目付费与绩效评价结果挂钩”“结合本年度预算执行情况、支出绩效评价结果等，测算下一年度应纳入预算的 PPP 项目收支数额”“财政部门应对行业主管部门报送的 PPP 项目财政收支预算申请进行认真审核，充分考虑绩效评价、价格调整等因素，合理确定预算金额”“各级财政部门应当会同行业主管部门在 PPP 项目全生命周期内，按照事先约定的绩效目标，对项目产出、实际效果、成本收益、可持续性等方面进行绩效评价，也可委托第三方专业机构提出评价意见”等。

国家发展改革委《关于印发传统基础设施领域实施政府和社会资本合作项目工作导则的通知》（发改投资〔2016〕2231 号）指出，项目实施机构应会同行业主管部门，根据 PPP 项目合同约定，定期对项目运营服务进行绩效评价，绩效评价结果应作为项目公司或社会资本方取得项目回报的依据。

《关于组织开展第四批政府和社会资本合作示范项目申报筛选工作的通知》（财金〔2017〕76 号）中“项目应当建立完善的运营绩效考核机制”。《财政部关于进一步加强政府和社会资本合作（PPP）示范项目规范管理的通知》（财金〔2018〕54 号）提出要“加强运行情况监测。及时更新 PPP 项目开发目录、财政支出责任、项目采购、项目公司设立、融资到位、建设进度、绩效产出、预算执行等信息，实时监测项目运行情况、合同履行情况和项目公司财务状况，强化风险预警与早期防控”。

《关于规范政府和社会资本合作（PPP）综合信息平台项目库管理的通知》（以下称“财办金〔2017〕92 号”）中对不予入库的情形提到：“包括通过政府付费或可行性缺口补助方式获得回报，但未建立与项目产出绩效相挂钩的付费机制的；政府付费或可行性缺口补助在项目合作期内未连续、平滑支付，导致某一时期内财政支出压力激增的；项目建设成本不参与绩效考核，或实际与绩效考核结果挂钩部分占比不足 30%，固化政府支出责任的”。财办金〔2017〕92 号对纳入 PPP 项目的标准进行了详细解释并强调了绩效评价对于项目入库的指导意义。

上述文件明确 PPP 绩效评价的本质属性：一是明确绩效评价的维度，由财政部门发起，对项目成效（包括监管成效、合作模式应用等）进行综合评价，这个维度就超出了“项目”的概念；二是回归“PPP 项目”的本质——政府组织提供公共产品和服务的特定手段，因而必然接受政府和财政预算绩效管理相关文件的约束。

（三）政策框架下 PPP 绩效评价的基本特征

基于现行政策框架，PPP 项目绩效考核是对项目公司进行的考核，由行业主管部门（实施机构）会同财政部门作为实施主体，根据项目所处的不同阶段和特点，依据实施方案、项目合同中所设定的绩效目标，对项目实施情况进行评价，绩效评价结果作为评价项目公司（或社会资本）履行项目合同的依据，财政部门和行业主管部门以绩效评价结果作为本年度绩效付费依据，并根据本年度付费情况编制下一年度的项目预算。同时，通过评价及时披露项目运行中的问题，制订应对措施，促进实施机构、项目公司提升项目管理的能力与效率，加强对项目公共产品的服务质量的监管。进一步总结、提炼 PPP 绩效评价的基本特征：一是项目实施机构作为绩效评价主体。将绩效评价聚焦于“PPP 项目”，基于“委托代理关系”，采取定期考核和日常考核相结合的方式，由作为“委托方”的项目实施机构，会同财政部门和政府审计、质监、规划、市政等相关部门，对项目公司的建设运营情况进行检查监督，重点考查项目公司所提供的公共产品和公共服务的质量与效率，这也是绩效考核工作的核心。二是组织专家进行事中评估。鉴于 PPP 项目的专业性和综合性，需要发挥“第三方中介”专业和管理优势，由财政部门或行业主管部门组建专家组，对项目运行的质量和效率进行评价。三是将绩效评价贯穿项目全生命周期，考核体系主要包括三个方面，即建设期考核、运营期考核以及移交考核。《关于全面实施预算绩效管理的意见》提出，全面实施 PPP 绩效管理的理念要求，将前期“物有所值评估”和“财政承受能力评价”纳入绩效管理的体系框架，有待相关文件细化落实。四是 PPP 项目绩效评价的不同阶段应关注的要点有差异。启动前期，应建立事前设定绩效目标、事中进行绩效跟踪、事后进行绩效评价的全生命周期绩效管理机制，约定项目具体产出标准和绩效考核指标；实施过程，按照事先约定的绩效目标，对公共产品和服务的数量、质量、资金使用效率、项目产出、实际效果、成本收益、可持续性、公众满意度等方面进行综合评价，将涵盖项目建设期和运营期的全流程过程绩效监测的主要内容应适时进行中期评估，及时发现存在的问题，制订应对措施予以纠偏，其中绩效监测方案可作为 PPP 项目合同的附件之一；实施结束，可对项目的成本效益、公众满意度、可持续性等进行后评价。五是落实按效付费机制。评价结果应及时反馈给项目各利益相关方，并按有关规定公开。绩效评价结果不但是项目公司取得项目回报的依据，也是政府方不断完善相关制度，保障公共产品或公共服务的质量和效率的依据；“92 号文”更是明确将“按效付费”作为项目入库的基本要求，将项目建设成本“实际与绩效考核结果挂钩部分占比不足 30%”的标准，作为 PPP 绩效考核办法的“红线”。

基于当前政策文件限定的框架及实践需要，阐释 PPP 绩效评价的功能定位：一是作为给付标准，功能类似竣工验收，贯彻按照执行进度付款的原则，声明达到一定标准支付一定费用；二是描述项目整体绩效水平，体现出对综合表现的刻画和反映；三是明确为未来改进方向，体现绩效评估的终极目标，确保绩效目标最终实现。

（四）PPP 绩效评价的发展改革思路

中共中央、国务院《关于全面实施预算绩效管理的意见》（以下称《意见》）明确提出将 PPP 项目纳入预算绩效管理。《意见》对包括 PPP 项目在内的预算绩效管理提出三点要求：考核目标“全方位”、考核管理“全流程”、考核内容“全覆盖”。

1. 考核目标“全方位”。

PPP 项目绩效考核涉及项目投入、过程、产出和效果等方面。《意见》提出，绩效目标不仅要包括产出、成本，还要包括经济效益、社会效益、生态效益、可持续影响和服务对象满意度等。财政部《政府和社会资本合作项目财政管理暂行办法》（财金〔2016〕92 号）规定，PPP 绩效评价主要包括项目产出、实际效果、成本收益、可持续性等方面，表明对于“全方位”是政策法规的一贯要求，实践中需要更大力度贯彻执行。

2. 考核内容“全覆盖”。

《意见》要求构建分行业、分领域、分层次的核心绩效指标和标准体系，与基本公共服务标准、部门预算项目支出标准等衔接匹配，突出结果导向，重点考核实绩。据此，综合性 PPP（比如产业新城、特色小镇等）绩效考核内容应覆盖项目整体及所属各个子项目。

3. 考核管理“全流程”。

PPP 项目绩效考核应贯穿项目建设期、运营期和移交期等全生命周期。围绕项目执行的各个环节，完善涵盖绩效目标管理、绩效运行监控、绩效评价管理、评价结果应用等各环节的管理流程。

《意见》首次提出对 PPP 项目实施“绩效管理”，意味着工作重心由传统绩效评价本身向前后两端转移：前端需要做好项目绩效目标设定的科学论证和评审；后端需要加强绩效评价结果的运用，重点是通过评价分析问题、改进绩效，而非简单作为回报机制的组成部分。也对当前政策界和实务界基本形成的模式框架提出挑战，PPP 绩效评价将不再局限于实施机构对“项目公司”的考核评价，考核目标、实施主体、对象等都将有所拓展。

二、当前政策框架下 PPP 绩效评价的主要问题

就我国各地目前所采用的 PPP 项目考核方法的总体情况而言，大多还是基于合同履行所进行的技术性质的考核与评价，而基于监督、管

理和旨在促进项目可持续发展的治理型考核（其实是“绩效管理”）并不多见。目前存在的主要问题包括：

（一）PPP 绩效评价法律依据不充分、标准指引缺失

现有开展 PPP 项目绩效评价主要依据的是财政部、国家发展改革委等部门出台文件中的部分条款，做出了原则性的规定，缺乏专门的法律文件对 PPP 项目的绩效评价做出具体、明确的规定，行业也缺乏针对 PPP 项目全生命周期绩效考核指标体系相关标准或规定，导致实务界 PPP 项目绩效考核缺少明晰的样本和范例，实践中绩效评价的体系设计、结构框架、考核主体、考核机制、评价指标等千差万别，导致主体责任不够明确、各个项目绩效考核指标体系水平参差不齐，考核指标中定性指标偏多、定量指标不足、主观性大、可核实性不强，难以真正实现依据绩效考核结果政府付费的政策目标，也不利于相同行业、相同领域项目之间的横向、纵向对比分析。①

（二）PPP 绩效考核目的不明确、功能定位不清晰

当前对于 PPP 绩效评价的要求，出自财政部和国家发展改革委相关文件的部分条款，属于回报机制的组成部分，主旨是通过“将绩效与受益挂钩”，实现“提供公共产品的质量和效益的”目标，明确考核主体项目实施主体联合财政部门和行业主管部门，考核对象为项目公司。实践中，绩效考核和评价机制被作为“委托人对代理人的监管框架中的重要组成部分”，政府及其部门在其中居于主导地位，侧重于合规性，尚未将 PPP 纳入财政预算绩效管理，未触及“绩效目标”的实质性要求，偏离了“提高公共服务的质量和效率”这一 PPP 绩效考核

① 刘芳：《绩效评价：PPP 项目政府付费支出的关键环节》，微信公众号“PPP 知乎”，2017 年 7 月 19 日。

机制的终极目的。潘萍和江帆（2018）研究发现，有些项目在设计评价机制时，区分建设期与运营期，分别冠以“可用性绩效评价”与“运营绩效评价”的指标名称，有些甚至借助权重畸偏的可用性或建设期绩效指标设计，辅之以“特殊”的兑费时点安排，出现 BT 或 BT + O 式的固定回报[①]；刘芳（2017）也指出，实践中 PPP 项目绩效考核指标体系事先没有财政部门指导、参与和审核，项目实施机构很难发现指标体系中存在的问题，实际执行阶段如果对社会资本的考核不客观、不全面，要么流于形式，要么引起纷争，政府支出缺乏有利的依据，PPP 项目绩效目标将很难实现，PPP 项目可持续性堪忧[②]。

深入解析，很多合同将“PPP 绩效考核”简单等于一般企业或项目“绩效考评”，借鉴已较为成熟的企业管理绩效考核办法进行具体的项目绩效评价，忽视 PPP 项目与企业工程建设项目实质和属性的根本差异。这种简单按图索骥和僵化复制、简单植入缺乏 PPP 项目公共产品属性的企业绩效考核办法，导致了政府及其部门充当项目“管家”的被动局面，混淆政府监管角色与合作角色，与现有政府审计和行业监管大量交叉重复，一方面，弱化绩效评价对社会资本的行为激励力度，扼制其管理创新的市场活力；另一方面，造成政府决策及监管绩效等游离于监管体系之外，可能诱发政府违规风险，损害社会公共福利。

（三）政府居于主导地位、难以保障评价的客观、公允

总体而言，PPP 绩效评价一般是由政府部门主导，评价范围包括政府投入的财政资金使用绩效和社会组织服务绩效两个方面，评价结果作为以后年度预算安排及社会组织承接服务的重要参考依据。史传林

① 潘萍、江帆：《PPP 项目执行的有效监管之 PPP 执行监管的关系治理》，搜狐网，2018 年 5 月 22 日。

② 刘芳：《绩效评价：PPP 项目政府付费支出的关键环节》，微信公众号“PPP 知乎”，2017 年 7 月 19 日。

（2015）指出，政府在政社合作的绝对主导地位，加之服务供给的资金的公共属性，导致 PPP 绩效评价存在以下几个问题[①]：一是没有把合作中的政府表现纳入评价范围，背离双方平等合作的关系特点；二是考核明确将“强化政府对社会组织的控制（如根据评价情况决定政府拨款数额和进度）”作为政策目标，彰显政府作为监管者的角色和地位，“必然会影响评价结果的客观性和公正性”；三是强调公共财政预算绩效评价，不能真实全面反映政社双方合作绩效；四是忽视对合作过程中双方的关系管理和关系质量的绩效评价，未将政府自身表现（政府的态度、作风和效率）纳入考核范围。如某产业新城项目“绩效考核体系包括但不限于建设绩效考核、运营服务绩效考核以及移交绩效考核”，缺少对“监管绩效”或“政府服务绩效”的考核评价。

多数项目合同所界定的绩效考核机制，采取的是政府与社会资本共同制定评价指标以及共同决定指标调整的“协商机制”，这固然有其客观必然性，但由被考核对象参与考核指标制定以及指标调整，而忽视其他重要利益相关方，尤其是把作为最终出资人和项目受益者的社会公众置于评价标准制定者之外，缺少必要的制衡和约束机制，存在绩效评价流于形式的可能性。

（四）PPP 绩效评价指标“碎片化”、未突出绩效导向

PPP 项目合同中关于绩效考核的约定千篇一律、流于形式，绩效考核的内容没有价值。许多评价指标的设计不够全面，往往集中于经济效益，体现社会效益的指标则薄弱。同时，一些评价考核还偏离了 PPP 项目“重产出”、“轻行为”、弱化直接控制的监管特征，甚至将社会资本的日常工作数量、员工出勤天数、巡视次数等作为重点的评价指标，

① 史传林：“政府与社会组织合作治理的绩效评价探讨”，《中国行政管理》，2015 年第 5 期。

过程监管的思维明显，由此也提高了绩效评价的成本与复杂性①。如某产业新城项目绩效考核“严格按照国家、某省工程质量技术标准，结合区域产业实施要求进行考核，以施工建设质量标准、运维服务质量标准、产品或服务标准及新城的产业实施要求作为本项目绩效考核评价指标”，过分强调以建立在行业标准之上的“合规性要求”，背离了“绩效”的应有之义。

三、开发性 PPP 项目绩效考核体系创新

开发性 PPP 绩效评价基于 PPP 项目政策框架及其基本特征，这是底线不能触碰；同时需要充分考虑作为自身特殊性，因地制宜、量体裁衣，确保绩效评价目标实现。基于开发性 PPP 项目特征和公共受托责任、委托代理等基础理论指导，参照政府绩效评估、财政预算绩效管理等相关政策要求和实践问题，提炼用于指导 PPP 绩效评价思路创新的理念思路，为开发性 PPP 发展提供框架支撑。

（一）开发性 PPP 绩效考核的特殊性

1. 项目本身的系统性和综合性决定其绩效管理的复杂性。

开发性 PPP 项目往往是一系列项目及多个阶段的组合。比如，产业新城项目所提供规划设计、土地整理、基础设施建设、公共设施建设、产业发展服务、城市运营等服务，各自具有不同的属性和功能，如土地整理、基础设施建设、公共设施建设主要考虑项目可用性及其维护，而产业发展服务则应考虑服务的效果及其持续性。这决定了相对应的管理和绩效考核需要分层实施，既要考虑系统整体绩效，又要分别针

① 潘萍、江帆：《PPP 项目执行的有效监管之 PPP 执行监管的关系治理》，搜狐网，2018 年 5 月 22 日。

对各个子项目实施相应的考核机制。

2. 子项目之间存在建设和运营两期重叠、无法实现整体分割。

单体项目可以清晰划分为建设期、运营期、移交期，而开发性 PPP 项目一般具有面积大、投资规模大、周期长等特征，是一个滚动建设、运营的过程，即新项目建设、老项目运营以及产业发展服务并行，无法从整体上区别建设期及运营期，而且不同阶段实施重点不同，绩效评价权重设置也要区分。上述特点要求针对 PPP 项目的绩效评价不能照搬目前的文件所要求的考核实施办法，需要组合和统筹运用。

3. 项目具有明显整体性特征。

与单体项目相比，开发性 PPP 往往提供区域整体开发方案。比如，产业新城 PPP 提供“六大服务”为内容的全流程区域发展整体解决方案，将产业新城作为一个完整的公共产品提供给政府、企业和居民，其目的是打造生产、生活、生态功能协调的新型城市，最终实现区域内经济发展、社会和谐和人民幸福。因此，其绩效考核应以“六大服务”为基础，更多关注城市整体运营绩效，即在各服务内容分项考核基础上进行整体绩效考核。

值得注意的是，相关文件和理论研究对于传统 PPP 项目提出综合效益及公平等相对宏观的考核要求，实践中往往偏重微观操作层面的合规性要求及交付成果的行业标准。开发性 PPP“区域综合开发”的特性决定了项目要对整体产出的综合绩效负责。所以，需要在更加注重综合绩效的考核。

4. “增量取酬”的付费设计内嵌激励相容机制。

如某产业新城项目合同约定，政府支付社会资本的回报以项目全生命周期新增地方财政收入的一定比例为限，有增量财政收入才进行支付，当年新增地方财政收入不足以支付服务费的，可以结转支付；再如，某项目约定产业发展服务费用“按照合作区域内入区项目当年新增落地投资额的一定比例计算（不含销售类住宅项目）”。上述付费机制贯彻体系“按效付费”核心要求，本身就是一种严格的绩效考核。

（二）开发性 PPP 模式绩效考核体系设计创新思路

1. 恪守一般、兼顾特殊，积极探索创新。

充分结合当前 PPP 绩效评价的共性框架和开发性 PPP 项目绩效评价的个性需求。开发性 PPP 项目绩效评价不可能独立于现有绩效评价框架之外另立门户，而应在现有基础之上，进行具体深化和细化。所以要充分熟悉现有财政支出绩效评价的常规做法及财政部和国家发展改革委等针对 PPP 项目提出绩效评价要求，考虑拟构建项目绩效评价体系与现有制度框架的匹配度，做到简易、适用。

同时，兼顾开发性 PPP 项目的特殊性，在现有监管框架内，结合“全面实施预算绩效管理”相关要求，从概念框架、实施机制、指标体系等各个方面探索创新。

2. 全面绩效考核、突出整体性。

基于开发性 PPP 综合性特征，融入整体性治理理念方法，基于项目整体及全生命周期，将绩效要求全面融入项目交易结构，设计整体性绩效管理机制：针对从 PPP 项目识别、准备、采购、实施到项目结束的全生命周期，涵盖项目前期开展的财政承受能力论证、物有所值评价以及项目实施过程中的绩效考核和结束后的绩效评价评价，是对 PPP 项目进行的全面绩效论证。

就指标体系而言，开发性 PPP 项目绩效考核是在各分项考核基础上的整体考核：一是分项考核具体项目的产出及效果，促使项目公司提高效率；二是整体绩效考核产业新城项目给区域社会经济带来的最终整体效果，避免出现因某项服务内容绩效不佳而影响产业新城这一公共产品整体效果。

3. 加强全生命周期评价。

开发性 PPP 项目绩效考核周期机制设计应设定为项目全生命周期，重点考察项目在全生命周期内价值最大化的实现程度。PPP 绩效考核重心应从项目建设安装、交付使用等传统阶段的绩效考核，转向项目决策审批（项目遴选的合规性）和项目运营绩效监督（包括项目质量、运营价格、服务水平），从项目投资成本、建设管理水平、全生命周期成本、效益指标等几个维度重点评价 PPP 项目实施效果。

4. 建立动态调整机制。

开发性 PPP 项目合作期长，需要充分考虑项目全生命周期内的实际需求，合理取舍绩效指标、调整考核标准，为长达 20—30 年合作期预留调整和变更空间，使绩效考核适应项目发展形势。如在产业导入期、发展期和成熟期，产业新城 PPP 绩效有关产业发展的绩效指标、考核标准应有所不同，需根据所处阶段适时调整，分别侧重新增企业数及投资额、产业发展及税收贡献增长、产业优化升级及财税收入可持续性。

5. 优化考核方式。

（1）建议将考核方式由评分方式改为奖罚款方式：针对不同服务内容的指标、标准设定明确的奖罚金额，当项目产出和服务优于标准或不达标时，可以对项目公司进行奖励或罚款，奖罚款金额通过政府付费金额的增减来体现。其优势在于，实现全部建设成本、全部政府付费均与绩效考核挂钩，符合政策要求；可直接实现按效付费，省却将考核分数换算成付费金额的环节；每一项指标和标准都对应具体的奖励和处罚金额，对社会资本能起到更好地约束和激励效果；易于执行，操作方便。

（2）进一步完善激励相容机制。针对工程建设提前完工、项目公司在经营期获得超额利润等情况要形成奖励制度。完善奖励制度不仅要明确奖励具体金额，更重要的是建立奖励范围、奖励频次、奖励挂钩以及启动奖励的触发机制，在保证项目质量和服务水平的前提下，鼓励政府、社会资本与公众形成激励相容的“共赢”局面。

（三）开发性 PPP 绩效考核指标体系设计创新原则

社会资本的回报基于项目巨大而长期的投入、来源于合作区域不确定的财政增量收入是开发性 PPP 的显著特点，基于这一基本交易机制和特点，考核评价应坚持四个原则：

1. 权责明确、目标可实现。

产业新城的绩效考核指标范围应该是社会资本承担、经过运营可直接改变或与社会资本运营水平直接相关，如产业发展水平、新增财政收入等。

2. 动静结合、引领发展。

产业新城绩效考核既要立足现状，又要展望未来，更强调发展潜力。因此，绩效考核指标不仅应该选择反映现状的静态指标，同时也应选择揭示未来的动态指标。绩效指标不仅仅是绩效考核的依据，而且要通过绩效考核指标设置，客观反映出社会资本运营的目标，合理引导预期，提升服务质量。

3. 强调可比、兼顾区域特色。

衡量产业新城发展水平需要通过与同类区域比较来确定，因此产出体系应包括衡量城市发展的共性指标。同时兼顾区域特色，制定与合作区域实际情况及发展需求相适应的个性指标。

4. 公平正义原则。

绩效指标的设置要满足合法性与民主性的要求。严格以法律、法规、政策、行业标准的规范为准绳，并充分采纳公众意见、鼓励公众参与，接受公众监督。而在具体评价方法方面，一个“好”的 PPP 项目绩效评价方案，必须根据 PPP 项目的基本特点，依据不同的项目操作方式，尤其是不同的项目回报机制，并结合 PPP 项目监管“重产出控制与偏差控制、轻行为控制与过程控制，倾向于间接控制而非直接控制”的监管特征，科学、灵活地予以设计。

PPP 项目不同的运作阶段，其绩效评价的内容会有所侧重，但总体上需要坚持经济性、效率性、效果性与公平性等基本原则，从经济绩效与社会绩效两大层面，分别考虑从项目投入、产出结果、行为方式、用户满意度和社会影响等多个维度对项目整体状态进行客观、全面的综合性评价。其中，经济绩效反映的是项目投入产出的过程管理与实际结果，社会绩效反映的是项目为社会发展与公平正义实现所作出的各种贡献。

5. 客观中立、有效制衡的原则。

合同和绩效评价方案需要基于客观中立立场，将“监管绩效”纳入考核。除对项目实施激励相容性的控制之外，还要充分考虑对政府及其相关部门的约束，尤其考虑官员任期制的影响，需要严格规范合同和评价方案的调整机制，设置调整权限，将某些核心且稳定的条款设置为“不可变更条款”，在国家层面统一研判甄别认证后发布推广应用，此类条款原则上不进行变更，如要变更，需要双方同意，且报经上级政府甚至国家层面“PPP 仲裁委员会”予以认定。

四、开发性 PPP 的绩效考核指标体系的设计：以产业新城为例

开发性 PPP 项目所处区位、建设规模、产业定位等存在差异，且地方政府和社会资本方在合作边界、风险分担、收益分配等方面有不同的约定，需因地制宜确定绩效指标，以反映所在区域经济社会发展的目标要求。比如，在产业发展服务考核指标上，根据产业新城的发

展定位不同，部分项目可能需要设置新增高新技术企业数、规模以上先进制造业增加值比重等指标；又如，对于侧重发展服务业的项目，在新增固定资产落地投资额的基础上，可增加企业年度经营收入等指标。

（一）分项考核体系设计

1. 基础设施和公共配套建设绩效考核。

（1）考核内容。基础设施和公共配套建设考核内容为合作协议约定的建设内容，具体包括道路、桥梁、供水、排水、供电、供气、供暖、通邮、通讯等基础设施建设和公园、绿地、广场、景观、文化、体育、教育、医疗、污水处理、固废处理等公共配套建设。

（2）指标选择依据。基础设施和公共配套建设绩效考核指标体系可依据《工程建设标准强制性条文》（房屋建筑部分、城镇建设部分）、《建设工程质量管理条例》、《建设工程安全生产管理条例》、《建设工程施工合同（示范文本）》（GF－2017－0201）等相关规定进行选择，具体分为四类：一是项目手续规范性；二是工程进度；三是建设过程；四是工程建设质量。

（3）考核结果挂钩方法。

①考核系数。基础设施和公共配套服务考核总分为 100 分，根据考核分值核定考核系数，考核分值≥85 分，考核系数为 1.00；考核分值<85 分，每低 1 分，考核系数扣减 5‰；考核分值<60 分，限期整改后再次进行考核，根据整改后考核分值计算考核系数。

②结果应用。基础设施及公共配套建设服务付费分为两部分，其中 70% 和建设绩效挂钩，其余 30% 与产业新城整体绩效挂钩。

基础设施及公共配套项目建设绩效考核调整额＝经审计确定的基础设施及公共配套各具体项目建设成本×70%×建设绩效考核系数。

2. 产业发展。

（1）考核内容。产业发展考核范围为合作协议约定的产业发展服务内容，具体包括区域的产业定位及发展规划研究、项目宣传推广、获取投资项目信息、产业导入到企业开工建设及投产运营管理以及其他相关的设计、投资、建设、经营、管理及综合服务等工作。考核内容主要包括五方面：一是入区企业数量；二是入区企业质量；三是产业集群打造情况；四是产业发展服务贡献；五是产业发展服务质量。

（2）指标选择依据。产业发展服务绩效考核指标体系可依据国务院办公厅《关于完善国家级经济技术开发区考核制度促进创新驱动发展的指导意见》（国办发〔2016〕14号）、《关于促进开发区改革和创新发展的若干意见》（国办发〔2017〕7号）、商务部"国家级经济技术开发区综合发展水平考核评价指标体系"以及各地开发区相关政策要求等进行选择。

（3）考核结果挂钩方法。

①考核系数。产业发展服务考核总分为100分，根据考核分值核定考核系数，考核分值≥85分，考核系数为1.00；考核分值<85分，每低1分，考核系数扣减5‰；考核分值<60分，限期整改后再次进行考核，根据整改后考核分值计算考核系数。

②结果应用。产业发展绩效考核调整额=经审计确定的产业发展服务费×产业发展绩效考核系数。

3. 城市运营。

（1）考核内容。城市运营考核内容为合作协议约定的区域内的物业管理、基础设施及公共配套等项目的运营维护、经营项目运营以及其他相关服务等。

（2）指标选择依据。城市运营服务绩效考核指标体系可依据《工程建设标准强制性条文》（房屋建筑部分、城镇建设部分）运行维护部分等选择设置，具体分为四类：一是公共服务持续稳定性，主要是通过计划外暂停服务比率指标进行考核；二是环境保护情况，主要通过环境事故起数指标考核；三是安全生产情况，主要通过安全生产事故起数指标考核；四是运营维护情况，主要通过运营维护管理制度、应急处置、运营维护质量等指标考核。

（3）考核结果挂钩方法。

①考核系数。城市运营考核总分为 100 分，根据考核分值核定考核系数，考核分值≥85 分，考核系数为 1.00；考核分值 <85 分，每低 1 分，考核系数扣减 5‰；考核分值 <60 分，限期整改后再次进行考核，根据整改后考核分值计算考核系数。

②结果应用。运营绩效考核调整额 = 经审计确定的运营维护服务费 × 运营绩效考核系数。

（二）整体绩效考核体系设计

1. 考核内容。

整体运营效果指标是产业新城范围内整体性的经济效果与社会效果，从产业发展、城市功能、公众满意度三个方面考核。

2. 指标选择依据。

指标可依据中央城市工作会议精神、国民经济和社会发展总体规划纲要、中央和地方政策文件对城市发展的要求等进行选择。

3. 指标标准及系数计算。

根据指标属性和内容的不同，对二级指标的评价进行有针对性的评价，主要评价方法有三种：

方法一：与产业新城所在省级行政区域的同类指标相比较，具体方式为：产业新城某项指标得分 =（产业新城某项指标数值/产业新城所在省级行政区同类指标数值）×本项指标在绩效考核中所占分值。

方法二：与政策规定的预期目标或可参照的考评标准比较，具体方式为：产业新城某项指标得分 =（产业新城某项指标数值/法律法规所约定的同类指标数值）×本项指标在绩效考核中所占分值。

方法三：与 PPP 合作协议中约定的产出指标相比较，具体评价方式为：产业新城某项指标得分 =（产业新城某项指标数值/PPP 合作协议所约定的同类产出指标数值）×本项指标在绩效考核中所占分值。

对产业新城整体效果的考核主要采取比较法，考核内容以产业新城的客观产出指标为主，可适用统一的评价标准：以产业新城产出指标与目标指标相比较，比值大于等于 100% 则该项考核指标为满分，比值每低于目标指标 1% 则相应扣减该项考核指标 1% 的分数。居民满意度和企业满意度采用公众评判法。

五、创新开发性 PPP 绩效管理的政策建议

（一）确立开发性 PPP 绩效管理的核心：以“绩效”为导向

“绩”指项目是否达到预先设定的目标，侧重反映项目的结果；“效”则指完成项目的效率，侧重反映项目的过程。所谓绩效评价，重点是预设目标（实质是利益相关者的诉求，很多情况下，这种诉求无法被充分识别进而得到清晰的表达，导致目标偏移）的完成情况，即是否完成（效）以及是否符合成本效益原则（率）。

PPP 项目绩效评价是绩效管理的重要组成部分，首先应基于“利益相关方”利益诉求界定绩效目标，对项目实施过程中的技术、经济、社会、环境（含政府规制）等因素进行全面评价，评价结果最终用于“规范项目参与各方的行为、提升项目运行的质量和效率、推动项目的

良性发展”[①]。具体目标分解为：督促项目公司切实履行合同义务；激励社会资本或项目公司持续提升公共产品和服务供给的数量、质量；促进政府持续提升投资决策水平和资金使用效率。而政策文件所强调的“将评价结果作为价费标准、政府付费以及合作期限等调整的参考依据”，是手段，而非目标。

基于专家知识积累及长期实践检验的行业标准具有科学性和权威性，为绩效目标提供了基础性保障，且清晰明确、便于操作。但这并不等于绩效评价就无法取而代之，理由是：行业标准是行业通用的、基础性的标准和要求，是底线要求，无论是否设置绩效或者进行绩效评价，行业标准都无法突破，否则便无法通过竣工决算审计和验收。绩效评价将行业监管标准作为重要评价维度，一是与现有监管体系交叉重叠，二是与项目公司自身的内部管理和质量控制体系重合，显然多此一举、舍本逐末。

实际上，作为舶来品的“PPP”，原本是“新公共管理运动”的产物，引入社会资本的本质原因并非只是解决政府资金不足，更是要引入社会资本先进管理经验、弥补政府部门专业和管理能力的不足。经过前期繁杂程序，最终承接项目的社会资本在专业程度和管理能力方面较之政府部门更胜一筹，应被赋予更大的自主权。

概括起来，开发性 PPP 绩效管理体系应秉承两个基本原则：一是体现绩效导向，抓住几个关键指标，避免陷入“全面项目管理”的泥潭、成为项目公司的“大管家”，也避免重复考核、多头考核，使得项目公司疲于应付；二是通过绩效评价促进和提升管理，因此需要对影响项目绩效的各种因素进行全面评价，不能脱离作为重要项目合作方的政府部门对社会资本和项目公司进行单方面的考核。

① 对绩效的定义以及 PPP 绩效评价的阐释，读者可参考《泾阳产业新城政府与社会资本合作（PPP）项目合作协议》。

（二）明确开发性 PPP 绩效管理体系的多层次性

PPP 项目具有如下特性：①本质是提供公共产品的方式和手段，需要对其使用者（社会公民）负责接受社会公民的考评；②绝大多数涉及财政支出（尤其是政府付费和可行性缺口补贴两种模式），需要接受财政预算绩效管理；③是政府和社会资本关于特定公共产品提供达成的契约；④出资人与项目公司之间形成典型的委托代理关系。

基于上述逻辑，PPP 绩效考核至少可以分为三个层次，分别是：第一，人大对 PPP 项目整体性的考核，侧重项目运作整体层面的效率性、效益型和公平性，甚至涉及对项目本身是否合理的判断和纠偏；第二，政府及其部门基于各自职能职责对项目实施的常规性绩效考核或监管；第三，作为出资者和委托方对其代理人的考核评价，或者基于《PPP 项目合同》约定的权利和义务，甲方对乙方实施的考核评价。

对于实践考察，多数项目合同侧重于第三个层次，这一点无可厚非，但相关政策和理论研究忽视第一、第二两个层面绩效考核的关注，可能是导致 PPP 项目实践困境的重要原因。尤其在市场机制不断优化完善的背景下，项目公司接受合同约束，所实施的建设项目自然接受相关部门的监管、检查以及常规性考核评价，这些规则相对成熟。鉴于开发性 PPP 项目的特殊性，前两个层次的考核亟待完善。

（三）加强开发性 PPP 的绩效目标管理机制

鉴于绩效目标及考核指标的重大、长期和根本性影响，尤其考虑到开发性 PPP 项目区域整体开发、规模大、时间长等特征，参照业界专家观点，建议从以下几个方面提升绩效评价指标体系的质量：

1. 提升绩效目标设定和绩效管理办法的层次。

当前项目入库和评审侧重“两评一案”，有助于甄别优质项目、确保决策科学，未将“绩效评价”纳入重点评审项目，导致不同项目对该内容的处理方式各不相同。针对入库 84 个开发性 PPP 项目方案，绩效考核或绩效管理办法存在三种方式：一是作为“节摆”放于“付费/回报机制”章；二是作为“节”放在“监管机制”一章；三是作为附件材料，鲜有方案或合同将绩效评价作为单独的章节。相关内容的体例、格式及颗粒度等差异很大，表现出较大的随意性和不确定性，实施效果堪忧。建议提升绩效评价级别，考虑作为单独的评估报告，或者与“物有所值评价”整合，通过外部评审促使项目实施单位对于绩效管理办法的重视程度和完成质量。

2. 建议 PPP 绩效管理办法和绩效评价指标体系设计，纳入财政预算绩效统一评审序列。

PPP 项目绩效考核指标体系设定时，财政部门应牵头组织指标体系编制或审定工作。鉴于行业和 PPP 项目特殊性，在指标设定过程中，可以充分听取项目实施机构、有资质的行业专家的意见。在 PPP 合同签约前，绩效考核指标体系可以与社会资本进行充分讲解、沟通，力求绩效考核指标体系充分体现专业性、可行性和实效性的特点。

3. 分类型和行业建立开发性 PPP 项目绩效评价标准指标体系。

建议财政部门或相关专业机构，针对开发性 PPP 项目全寿命周期考核和未来政府支出金额数额巨大等特点，在已入库开发性 PPP 项目绩效管理办法及其绩效指标体系进行系统分析研判的基础上，推进不同类型开发性 PPP 项目（如产业新城、园区综合开发、特色小镇等）绩效考核指标体系研究和指标库建设，纳入现有项目支出绩效指标库统一实施动态管理，通过实践不断优化；建议相关部门或机构，加强对 PPP 项目绩效评价软件开发和 PPP 项目绩效评价数据收集、整理、分析工作。

4. 培育具有服务意识和专业水准的第三方专业机构。

绩效考核可以准确地判断项目提供公共服务的水平，而评判的标准就是 PPP 合同中的约定条款。随着项目的推进，一些与项目实际脱节的条款会显露出来，这就需要借助行业同类项目的数据进行调整优化，并对项目进行重新考核。然而，由于政府方人手不足等原因，相应的绩效考核工作并不能够完全依靠政府部门来完成，需要引入第三方机构来协助进行绩效考核。这就要求第三方机构必须具备足够的公信力和较高的专业水准，才能够获得政府及社会资本方的信任。首先，要建立第三方绩效考核专业机构库，具体组织实施 PPP 项目绩效考核工作；其次，要利用已有的财务、法律等专业人员和行业技术专家库，针对各领域的 PPP 项目进行打分评价；最后，要优先在 PPP 项目示范项目库中进行绩效考核工作，全覆盖 PPP 项目库。只有形成这种多层次、全方位的 PPP 项目绩效考核工作机制以及与之相匹配的专业机构库，才能逐步建立并完善 PPP 项目绩效考核体系。

（四）完善开发性 PPP 考核评价的实施机制及结果运用

1. 实施机制。

要站在整个 PPP 项目全流程管理角度由宏观到微观研究整个绩效评价体系的内在构成。首先，需要编制指导 PPP 项目整个合作期绩效评价实施的纲领性方案，而且该方案框架是动态可调的；其次，需要基于 PPP 项目过程管理的阶段性特征定义 PPP 项目绩效评价体系，明确不同阶段的重点工作内容和输出的成果；最后，在各阶段绩效评价框架范围内有针对性地深化相关工作，形成易于操作的评价指标体系、操作办法和标准化的评价成果文本。

当前政策框架下的评价模式具有天生的局限性，由政府部门（对于开发性 PPP 项目，一般由项目实施机构联合财政部门和行业主管部门）对社会资本方和项目公司实施考核。事实上，对于政府部门而言，首先是合作方，也是项目前期识别、准备和采购阶段的主体责任方，同时作为评价者必然难以对项目整体效益和监管效率做出公正评判。短期内，应由对项目实施方具有一定制约权限的部门，如同级财政部门组织，同级政府审计部门和人大代表、政协委员及相关领域专家，尤其是引导公众参与，将企业满意度、居民满意度调查纳入绩效考核体系，结合项目物有所值评价、财政承受能力报告以及项目合同等实施绩效评价，对项目本身完成过程、结果和质量进行客观评价的同时，对项目模式和合作关系等整体架构以及相关部门的尽职履责程度进行公允评判，以提升项目评价的过程合法性和公正性，制衡政府部门的“任性”，保持和提升社会资本方的合作信心；对于政府内部的绩效评价，则应按照现有预算绩效管理办法由财政部门负责组织实施，深度发挥 PPP 项目中财政预算绩效监管的重要功能。长期看，可提升开发性 PPP 绩效评价层次，考虑由上级政府组建 PPP 项目绩效评价中心，协同组织第三方机构进行评价；或者由同级人大实施评价，实现项目参与者与评价者相分离，以保障对项目整体及合作各方表现和绩效给予客观公允评判进而发现问题核心，提升绩效。

2. 成果运用。

相关政策文件应当规定，将绩效评价结果与政府付费金额挂钩。开发性 PPP 项目自身的模式和回报机制决定了其受益本身与项目实施效果直接挂钩，实现激励相容，因而，绩效评价的重点应给予调整，即在实现支付兑现后，重点转移到对项目执行进度与项目绩效目标完成程度差异的分析研判，揭示原因、找出需要改进的问题和环节，与社会资本商定改进方案，以期不断提升项目绩效水平。

第七章
开发性 PPP 模式中的土地资源开发和利用

第一节 “溢价归公”理论在开发性 PPP 项目中的应用

在开发性 PPP 项目中，不仅会涉及特定空间内土地的开发与利用，也会涉及大量基础设施的投资与建设。因此，特定空间的土地在为相应基础设施建设项目提供落地载体的同时，基础设施项目的建成与运营也为相应土地及其附着物的升值提供了条件和可能，也即“开发”是土地“溢价”前提，而将部分土地“溢价”用于反哺“开发”成本，至少在逻辑上是自洽的。

一、“溢价归公”的基本含义

“溢价归公”（value capture），也称为“溢价回收”或“利益共享”，是把受益者获得的收益部分或者全部作为公共设施建设项目投融资来源的一种运行机制。“归公”既反映投资者在投入公共建设项目后，获得部分回报以补贴巨额建设成本的客观诉求，也针对因相关公共政策的制定而蒙受损失的群体进行补偿的行为。

并非所有的资本回收行为都被视为溢价归公，溢价归公具有限定条件和适用范围。理论上看，公共项目的投资规模越大，成本回收的客观需求越迫切。溢价归公的具体手段，一般是借助一定的税收政策对相关增值部分进行资金分配。但溢价归公与一般税收政策又存在本质区别，主要表现在两者征税对象的范围和广度差别。在溢价归公设定下，只有从相关公共设施建设项目中直接受益的群体才须支付相应的费用，而一般税收则是面对社会公众。溢价归公可以理解为对某些享受特定服务、商品或者权力的受益者收取相应费用。依据此原理，溢价归公受益者付费的额度不取决于公共项目的建设成本，而是取决于其获益多少，这与面向社会公众的一般税收政策也存在显著差异。

二、应用“溢价归公”理论的必要性

在我国城镇化的建设过程中，“土地财政”曾发挥过关键的融资作用。作为商业用地，土地可在二级市场上“招拍挂”，是地方政府筹集建设资金的主渠道；作为工业用地，地方政府可以通过低地价、零地价招商引资，可培养潜在的税源；作为基础设施用地，可通过“行政划拨”和“协议出让”的形式，以零地价或者极低的价格补贴基础设施投资，增强城市公共服务功能，从而提升土地价值，间接提升土地出让价格。然而，在经济下行压力不断加大的今天，“土地财政”的可持续性越来越低。因此，如何对当前的“土地财政”机制加以适当创新和改进，使其继续在城镇化融资中发挥应有的作用，是亟待研究的课题。

溢价归公机制（value capture）是城市基础设施融资的一种方式，其基本理念是：政府在城市基础设施上的逐步投入会使对应区域的土地、房屋价值等得到不断地提升，而土地、房屋价值的上升并不是其所有者“劳动”所致，所以，土地、房屋价格的增值部分（溢价）应当归公，同时，政府可用获得的溢价来补偿其在城市基础设施上的部分投入成本，即所谓的“受益者付费”原则（beneficiary pays principle）。依据国际经验，溢价归公有很多实现形式：土地价值税（land value taxes）、财产税（property taxes）、税收增额融资（tax increment financing）、特别征收（special assessments）、开发影响费（development impact fees）、联合开发（joint development）等。溢价归公中的土地价值税与财产税相当于我国当前讨论的“房地产税”，因此，可以借鉴国外溢价归公理念对我国“土地财政”机制进行相应地完善，以改变现有的一次性收取全部土地出让金的短期行为，将溢价归公机制引入到城镇化融资活动中。城市未来土地、房屋的溢价空间与城市化建设水平相关联，城镇化投入加大，市政建设水平提高，未来城市的土地和房屋价值将不断提升，与之相关的房地产税就会增加，城市建设的融资能力也会不断增强。

第二节　土地开发与利用合法合规纳入开发性 PPP 项目

一、土地收储工作的职能划分与主体资格

土地储备机构基本是土地收储工作的唯一主体。根据财综〔2016〕4 号文规定，土地储备机构承担的依法取得土地、进行前期开发、储存以备供应土地等工作主要是为政府部门行使职能提供支持保障，不能或不宜由市场配置资源。土地储备工作只能由纳入名录管理的土地储备机构承担，各类城投公司等其他机构一律不得再从事新增土地储备工作。财金〔2016〕91 号文第五条规定，PPP 项目主体或其他社会资本不得作为项目主体参与土地收储和前期开发等工作，不得借未供应的土地进

行融资。

综上，土地储备主体必须在土地储备名录下，财综〔2016〕4 号文同样明确了企业参与土地储备工作的路径。地方国土部门应当积极探索通过政府购买服务推进土地前期开发涉及的拆迁安置补偿工作。土地储备机构应当探索通过政府采购进行储备土地的前期开发工作，包括与储备土地相关的基础设施建设及公共服务设施建设。

《关于坚决制止地方以政府购买服务名义违法违规融资的通知》(以下称“财预〔2017〕87 号文”) 规定，对于政府采购事项，应当列入政府购买服务指导性目录中，对暂时未纳入指导性目录又确需购买的服务事项，应当报财政部门审核备案后调整实施。政府购买服务采用“先预算、后购买”的模式，购买服务的资金要在既有年度预算中统筹考虑。

根据财综〔2016〕4 号文规定，土地储备机构应当积极探索通过政府采购实施储备土地的前期开发事宜。随后财预〔2017〕87 号文规定，严禁将储备土地前期开发等建设工程作为政府购买服务项目，严禁将建设工程与服务打包作为政府购买服务项目。

依据《政府采购法》等相关规定，涉及安置补偿及土地看护工作的，可通过“竞争性谈判”的方式确认承接主体；涉及土地前期开发的，必须通过招标的方式确认承接主体。由于选定承接主体的程序不同，为保障项目实施，地方政府一般会预先进行市场测试，以顺利推进土地收储工作。

二、土地一级开发工作的政策路径选择

土地一级开发，是指地方政府委托地方土地储备中心，按照土地利用总体规划、城市总体规划及控制性详细规划和年度土地一级开发计

划，对确定的存量国有土地、拟征用和农转用土地，统一组织进行征地、农转用、拆迁和市政道路等基础设施建设的行为。土地一级开发项目一般采取公开招标方式，确定承接主体。

地方政府根据相关法定规划和专项供应计划，会同规划、国土、财政等主管部门组织编制土地一级开发年度计划，经土地储备联席会议审定后，报地方政府批准执行。

三、将征地和拆迁工作纳入 PPP 的政策执行障碍

近年来，国家鼓励政府和社会资本合作进行项目开发，通过部门规章等形式对土地储备、土地储备资金管理、产业用地使用以及 PPP 项目主体参与土地前期开发工作等方面提出了要求。

PPP 项目涉及征地和拆迁等土地问题时，一般遵循以下原则：①土地储备主体是纳入土地储备名录管理的土地储备中心，社会资本可作为承接主体参与土地整理服务。②土地整理服务可采取 PPP 模式，土地储备资金可用于支付购买征地拆迁费用和基础设施建设费用。③城镇综合开发类 PPP 项目，政府支出责任剥离政府融资功能、业务不涉及基础设施建设以及土地二级开发等。可通过政府性基金预算安排，支付合作区域内形成储备宗地相关的征地拆迁补偿、基础设施建设费用。

因此，需进一步分析征地和拆迁工作纳入 PPP 是否存在政策执行障碍，主要从以下几个方面考虑。

第一，土地整理服务纳入开发性 PPP 是否符合政策规定。

《关于规范土地储备和资金管理等相关问题的通知》（财综〔2016〕4 号）指出“土地储备机构承担的依法取得土地、进行前期开发、储存以备供应土地等工作主要是为政府部门行使职能提供支持保障”“土地储备工作只能由纳入名录管理的土地储备机构承担”。第 7 条规定“地

方国土资源主管部门应当积极探索政府购买土地征收、收购、收回涉及的拆迁安置补偿服务；土地储备机构应当积极探索通过政府采购实施储备土地的前期开发，包括与储备宗地相关的道路、供水、供电、供气、排水、通讯、照明、绿化、土地平整等基础设施建设"，据此有观点认为土地整理应该单独通过政府购买服务或政府采购工程来实施。2018年9月出台的《北京市土地资源整理暂行办法》明确指出按照土地一级开发方式实施的项目，新增项目原则上应由土地储备机构为主体；也可按有关程序确定由具备相应条件的企业为主体，而且土地开发类项目资金来源为财政性资金及社会资本等。在开发性 PPP 中，社会资本受政府委托，作为承接主体，按照规定提供土地整理服务工作。

第二，PPP 项目预期土地出让收入，作为政府支出责任支付来源是否存在违规风险。

论证其是否与财金〔2016〕91 号文规定的"PPP 项目的资金来源于未来收益及清偿责任不得与土地出让收入挂钩"。首先，《关于在公共服务领域深入推进政府和社会资本合作工作的通知》（财金〔2016〕90 号）指出，"对于政府性基金预算，可在符合政策方向和相关规定的前提下，统筹用于支持 PPP 项目"；财金〔2017〕2587 号答复也对此进行了明确。因此，项目实施范围内符合土地储备资金支出范围的预期土地出让收入可以作为 PPP 项目的支付来源。其次，财金〔2016〕91 号文禁止"以收定支"、禁止"溢价分成"。将 PPP 项目政府的支付来源之一明确为政府性基金预算支出，纳入政府预算管理，并按照绩效考核结果进行支付，不同于过去的土地出让收益返还、"溢价分成"的方式，未直接与土地出让收入挂钩，符合土地储备资金的使用范围。

综上，将涉及土地整理服务的 PPP 项目支出纳入政府性基金预算，未违反财金〔2016〕91 号文要求。

第三，PPP 项目形成的政府性基金预算支出的列支方式。

财金〔2014〕113 号文约定了项目合同中涉及的政府支付义务，财政部门应纳入同级政府预算并按照预算管理相关规定执行。财金〔2016〕92 号文对 PPP 项目财政预算编制主体、编报程序做出了相应规定，但并未明确约定 PPP 项目支出责任纳入哪一预算科目。

第三节　各类用地的供应方式

一、产业新城类项目土地使用方式

（一）政府拥有开发性 PPP 项目土地主导权和决策权

一是合作区域是政府根据区域经济发展需要而规划设立，并通过规范的 PPP 采购流程选择确定的社会资本合作方；二是 PPP 协议不改变委托合作区域内土地原有的权属和性质，签约范围内土地的利用管控和建设用地供应均完全由政府管理；三是 PPP 协议不存在行政管理权的委托，社会资本没有任何行政管理的效力，也没有合作区域内的土地具有处置权或控制权，只是按照协议约定事项做好投资建设和服务工作，土地整理实施、确认权属、检查验收都是由土地储备机构组织进行，社会资本只是具体工作的实施者。

（二）开发性 PPP 项目土地使用符合国家政策要求

一是对于基础设施建设用地（包括道路、公园、绿地、市政设施、场站等），所有用地均由政府持有，社会资本只是负责建设、运营和维护。二是城市公共配套设施用地（包括学校、医院、文化体育设施等），社会资本方负责投资建设；建成后公立设施移交政府主管部门，经营性设施由社会资本方在合作期内代持，期满后移交。三是各类产业用地，由社会资本方负责根据政府的产业定位和规划引进相关产业项目，具体用地由产业项目单位直接依法取得。四是配套住宅和经营性商业用地，由政府依法组织招拍挂出让，各市场主体公平竞争。

二、特色小镇类项目供地方式

从土地政策的宏观方面看，一是要从严执行耕地保护与土地用途管制制度，划定建设用地、农用地和未利用地，严格控制建设占用耕地等农用地，占用必须依法批准。二是要严格执行节约集约用地制度，提高土地综合利用率。三是要围绕党的十九大中提出的生态系统保护理念，融入山水田林湖等元素打造特色小镇。四是要集成应用土地政策，梳理形成特色小镇用地解决方案，这些方案也同样适用于其他建设用地项目。

1. 使用存量国有建设用地，其中又可分为 5 种：一是批准使用。市政道路、公园、绿地、广场等属于公共用地，办理批准使用手续，即用以建设市政道路等，可以发建设用地批准书，但不用发划拨决定书或出让合同等。这些用地在土地登记时只登记不发证。还需要注意区分建设单位、管理单位与土地使用权人的不同。二是国有土地划拨——行政方式。三是国有土地使用权出让，即协议或以招标拍卖挂牌（以下简称“招拍挂”）方式出让。四是国有土地租赁，也是协议或招拍挂方式出让。五是国有土地使用权作价入股，一般是协议方式。除批准使用和划拨外，其他 3 种方式属于有偿使用方式。在有偿使用方式中，出让和国有土地租赁的具体配置方式包含协议、招拍挂 4 种，作价入股因有明确的使用者，只能通过协议方式配置。

2. 圈内农用地办理转用、征收手续后依法供应给具体特色小镇建设项目。土地利用总体规划把所有的土地划分为建设用地、农用地和未利用地，土地利用总体规划所确定的城市村镇建设用地，叫圈内用地。为实施规划，需要占用土地利用总体规划确定的城镇村庄建设用地范畴内的土地，涉及农用地的，应当办理农用地转用审批手续。涉及集体所有土地的，应当办理土地征收审批手续。在已批准的农用地转用范围内，具体建设项目用地由市、县人民政府批准，由市、县国土资源部门依法供应。

3. 圈外单独选址建设项目用地。能源、交通、水利、矿山、军事设施等建设项目确需使用土地利用总体规划确定的村镇建设用地范围外土地的，经批准可以在圈外单独选址建设。涉及农用地的，应当办理农用地转用审批手续；涉及集体所有土地的，应当办理土地征收审批手续；土地供应方案在办理农用地转用和土地征收时一并批准。

4. 建设项目使用国有农用地。建设使用国有农用地的，该当在办理农用地转用审批手续转为国有建设用地后，依法办理供应手续，不用办理征收手续。

5. 建设项目直接使用集体建设用地。有 6 种情况可以使用集体建设用地：一是乡镇村公益事业、公共设施用地。二是村民住宅。三是集体经济组织兴办企业或者与其他单位、个人以土地使用权入股、合营等形式共同创办企业的。四是以集体经济组织为主体或者以建设用地使用权作价出资入股、联营，与其他企业共同或合作开发建设公租房、乡村休闲旅游养老等产业以及农村三产融合发展的。五是在全国 33 个试点县，集体建设用地使用权可以出让、租赁、作价出资或入股用于商品住宅以外的经营性项目。六是返乡下乡创业人员，可依托自有和闲置农房院落发展农家乐。可以通过租赁农民房屋，或与拥有合法宅基地、农房的当地农户合作改建自住房，解决返乡下乡创业人员的住房问题。

6. 建设项目使用国有未利用地。土地利用总体规划确定的国有未利用地可以作为建设用地使用，即建设项目可以使用国有未利用地，不需修改规划，也不用办理转用和征收手续，直接批准用地。

7. 建设项目使用集体未利用地。一是直接作为集体建设用地使用（参见方案五）。二是国家建设项目使用集体未利用地的，应当办理土地征收审批手续后依法供地，因不是农用地，因此不需要办理农用地转用手续。

8. 使用设施农用地。设施农用地是指设施农业项目区域内直接用于经营性养殖的畜禽舍、工厂化作物栽培或水产养殖的生产设施用地、附属设施用地和配套设施用地，农村宅基地以外的晾晒场等农业设施用地。设施农业项目不同于一般的建设项目，其用地也不同于一般建设项目用地。符合要求的设施农用地不属于建设用地，按农用地进行管理，不需办理农用地转用审批手续，不作为新增建设用地管理。附属设施和配套设施用地有一定比例限制。设施农用地不包括以下用地：经营性粮食存储、加工和农机农资存放、维修场所；以农业为依托的休闲观光度假场所、各类庄园、酒庄、农家乐；以及各类农业园区中涉及建设永久性餐饮、住宿、会议、大型停车场、工厂化农产品加工、展销等用地。

9. 结合土地整治、村庄整治安排用地。土地整治是对项目区内田、水、路、林、村等的综合整治和统一安排，必然关系到项目区内各类用地的重新布局、安排和产权调整。土地整治规划方案中包含了整治后的土地产权调整和各类项目用地调整。土地整治实施规划经批准后，应当依据经批准的实施规划，相应调整项目区内各类用地产权和地类，直接为项目区内原用地单位整治后的用地办理相应用地手续，不再办理农用地转用审批手续，也不占用土地利用年度计划指标。安排原用地者用地后的剩余部分，应当依法办理供地手续。

10. 使用增减挂钩项目建新区用地，视同建设用地。

11. 农业项目使用国有农用地，具体可以采用承包经营、承包经营权流转或继续由农场员工按要求耕作等方式用地。

12. 通过承包经营、拍卖、流转，使用荒山、荒沟、荒丘、荒滩等四荒地的未利用地。可在 50 年内用于垦荒造林、治沙改土以及休闲农业、设施农业等，用于非农业建设须要审批。

13. 农业项目使用集体农用地，具体可以采用承包经营、承包经营权流转、四荒地拍卖或继续由原农户按要求种植等方式用地。

14. 农村三项建设使用圈内农用地的，应当先行办理农用地转用手续，转为集体建设用地后，再由县、市人民政府批准使用。

15. 农村道路用地。符合条件的农村道路用地属于农用地，不属于建设用地，不办理农用地转用手续，不占建设用地指标。

16. 农田水利设施用地。主要用于农田灌溉和群众生活水源的坑塘、水库、沟渠和河道等。属于农用地，不属于建设用地，不纳入农用地转用范围，不占建设用地指标。

17. 地质灾害治理工程用地。按照地质灾害治理项目办理项目审批手续，不办理征收、转用手续，不占用指标，但应当足额支付安置补偿。

三、田园综合体类项目供地方式

田园综合体类 PPP 项目中建设用地的取得方式与常规 PPP 项目相同，多采用划拨的方式取得。

农用地的取得方式多采用租赁的方式。签订租赁协议前，村集体或国有农场内部需要通过集体表决的形式确定租赁协议，项目实施主体（即社会资本方）与土地所有权人签署土地租赁协议，预定租赁费用、租赁时间、费用支付方式等。

第四节 土地出让金在开发性 PPP 项目中的应用

土地出让金纳入政府性基金预算管理，统筹用于支持 PPP 项目，是我国现行 PPP 模式的重要内容。从开发性 PPP 所带来土地升值、土地出让金反哺区域开发及保障土地出让金适用的代际公平几个方面而言，土地出让金作为开发性 PPP 的财政支出具有合理性。与此同时，土地出让金纳入政府性基金预算管理必须符合《土地储备管理办法》（国土资规〔2017〕17 号）、《土地储备资金财务管理办法》（财综〔2018〕8 号）、《财政部关于推进政府和社会资本合作规范发展的实施意见》（财金〔2019〕10 号）等相关法律法规。

一、政府性基金预算可统筹用于支持 PPP

一是根据《预算法》（2014 年修正），政府性基金预算是专项用于特定公共事业发展的收支预算。因此，在政府性基金预算支出范围以内的 PPP 项目，可以使用政府性基金预算。二是根据《关于在公共服务领域深入推进政府和社会资本合作工作的通知》（财金〔2016〕90 号）规定，“对于政府性基金预算，可在符合政策方向和相关规定的前提下，统筹用于支持 PPP 项目。”三是根据《财政部对十二届全国人大五次会议第 2587 号建议的答复》（财金函〔2017〕85 号），一般公共预算支出 10% 的“上限”控制仅针对需要从一般公共预算中安排的支出责任，并不包括政府从其他基金预算或以土地、无形资产等投入的部分，旨在鼓励地方积极盘活存量资源、资产等吸引社会资本参与 PPP 项目。在符合政策的前提下，政府性基金预算可用于 PPP 项目，且不属于目前 PPP 财政承受能力论证“10%”的控制范围。

二、从区域发展规律看，土地出让金可以也应该反哺产业新城

（一）“六大服务”客观上提升土地价值

开发性 PPP 所提供的规划设计、土地整理、基础设施、公共配套、产业发展及区域综合运营服务从不同层面服务产业发展服务推动了合作区域的经济发展，相应拉升了土地需求规模和出让价格。目前，中国城镇化率达到 57.35%，基本形成了完整的城镇体系，土地出让金收入进入区域分化阶段，一线城市、重点城市群的产业发展活力强，土地供不应求，土地出让溢价较高，而一些人口净流出、产业发展机会少的区域则经常出现土地流拍，如 2017 年，北京和杭州土地出让金收入均超过 2 000 亿元（增幅分别超过 220% 和 30%），而合肥、兰州等地的土地出让金收入下降幅度则超过 20%。

（二）土地出让金反哺开发性 PPP 建设运营，构成良性循环

开发性 PPP“六大服务”构成一个完整的公共产品，具有很强的正外部性，需要相关资金的支持。土地出让金反哺开发性 PPP 建设运营，为各项服务提供资金支持，可以推动区域土地整理、基础设施及公共配套建设，促进产业导入和产业发展，进一步集聚产业，提升区域竞争力，创造更多的土地需求和增量财政收入，由此形成“城市建设运营—城市价值提升—土地出让收益增加—新城再建设再运营—城市价值再提升—土地出让收益再增加”的循环，区域发展进入良性发展。

（三）土地出让支付开发性 PPP 用有利于代际公平

土地出让金是若干年土地使用期的地租之和，本届政府获得的土地

出让金一次性预收了未来若干年限的土地收益总和，是一种对土地收益的“透支”。而将土地出让金统筹用于产业新城“六大服务”，尤其是产业发展服务，可培育长期稳定税源，有利于平衡政府代际关系和区域财力可持续发展。

三、从支出范围看，土地出让金涵盖了开发性 PPP 的业务范围

根据《2018 年政府收支分类科目》，国有土地使用权出让收入及对应的专项债务收入安排的支出科目主要包括：征地拆迁补偿支出、土地开发支出、城市建设支出等，而开发性 PPP 项目提供的土地整理（含拆迁补偿、征地补偿）、基础设施（含相关宗地前期开发）、公共配套设施建设、产业发展（可解释为国有土地使用功能配套设施和城市基础设施，从“城市建设支出”科目支付）都属于土地出让金收入的支付范围。在开发性 PPP 模式下，政府是园区开发建设的决策者和监督者，不负责具体的园区建设运营工作，而社会资本作为投资运营主体，受政府委托负责园区的设计—投资—建设—运营—服务等一体化运作，承担了合作区域绝大部分经济社会发展具体职责，提供完整公共产品。

对比产业新城 PPP 模式的业务范围和土地出让金支出范围，两者的重合度非常高，社会资本几乎承担了所有土地出让金的成本性支出和城市建设支出任务。根据财政部数据，2015 年，全国土地出让金收入支出中，用于征地拆迁补偿、补助被征地农民、土地出让前期开发等成本性支出占支出总额的 79.6%；用于城市建设支出的比重为 10.4%。参见表 7－1。

表 7－1　土地出让金用于成本性、城市建设支出比重

年份	成本性支出（主要是土地整理、相关总宗地基础开发）	城市建设支出	合计
2011	74.59%	16.78%	91.37%
2012	79.98%	10.66%	90.64%
2013	76.89%	9.23%	86.12%
2014	76.52%	9.89%	86.41%
2015	79.6%	10.4%	90%

四、从政府风险来看，以增量财政收入为一定比例为支付上限支付机制与土地出让金收入的属性吻合，不会对 PPP 项目产生风险

开发性 PPP 项目所有的政府支付资金来自合作区域内产生的新增财政收入。无论是一般公共预算还是政府性基金预算，产业新城 PPP 项目支付不动用原有的财政收入，也不动用合作区域之外的财政收入，而且若合作区域财政无增量，政府就不支付，这样将运营风险锁定在合作区域这一“小区域”，而且由社会资本承担，不会给“大区域（县、市）”带来任何财政风险。

土地出让金收入确实具有不稳定性。如果 PPP 项目的支付责任主要由政府性基金承担刚性支付责任，那么很容易导致财政风险。但是在开发性 PPP 模式中，财政无增量，政府不支付，开发性 PPP 的支付机制与土地出让收入“以收定支、专款专用”的管理方式完全契合。因此，即便政府土地出让收入减少，不足以支付服务费用，也不会带来任何财政风险。

第八章
优化开发性 PPP 模式的建议

第一节　加大开发性 PPP 推广力度，充分发挥市场机制在区域开发中的作用

城镇化的过程是要素转移和集聚的过程，通过对各种要素的转移和重新配置，实现空间、人和产业的价值增值和协调发展。在这个过程中，要素的转移是以要素价值增值为目标的，市场机制则能通过“价格发现”和价值导向来引导要素转移和集聚。传统的行政主导的城镇化是难以持续的，新型城镇化发展必须加大依靠市场的力量推动。

传统区域开发模式，存在资金来源单一、专业化不足等问题，一旦运营、管理不好，还会带来政府性债务风险。开发性 PPP 可以发挥市场机制优势，能够有效避免传统开发模式的弊端，建议从宏观政策上将开发性 PPP 作为 PPP 的特定类型，制定相应的管理政策，并鼓励地方政府优先采用开发性 PPP 模式进行区域开发。

一、坚持产城融合、绿色生态、区域可持续发展的基本理念

党的十九大报告明确指出，“必须坚持节约优先、保护优先、自然恢复为主的方针，形成节约资源和保护环境的空间格局、产业结构、生产方式、生活方式，还自然以宁静、和谐、美丽。”绿色发展、环境友

好是新型城镇化和产业创新发展的必然要求。坚持绿色发展，关键在于持续提高经济社会发展的绿色水平。开发性 PPP 模式必须融入绿色生态的理念，无论是城市运营还是产业发展，都要坚持生态文明城市、环境友好、绿色产业等基本理念，把产业新城、园区开发、特色小镇、全域旅游等开发性 PPP 项目建设成为绿色新城、绿色园区、绿色小镇、绿色旅游。

产城整合是开发性 PPP 模式的最基本特征，它体现了合作区域内产业、空间协调发展的内存要求，并进一步改善区域人力资本和社会资本结构，促进区域产业转型和财政可持续发展。产业新城、特色小镇等开发性 PPP 则以产城整合为基本理念，把打造绿色产业和产业优化升级为目标的产业发展服务作为开发性 PPP 的核心服务内容。开发性 PPP 模式下的产城融合应坚持“人本导向”、产业集聚与城市承载功能相匹配的功能融合、产业发展与区域优势资源相匹配的结构性融合。

合作区域的可持续发展是开发性 PPP 模式的基本目标和基本理念。2016 年，国家发展改革委与联合国欧洲经济委员会正式签署合作谅解备忘录，将联合国积极推进可持续发展和以人为本的 PPP 理念引入中国。开发性 PPP 模式的可持续发展目标不仅体现在财政、经济可持续发展，也体现在空间、产业和人口协调发展，最终体现在“以人为本”的核心理念。

二、鼓励社会资本发起开发性 PPP 项目

（一）社会资本发起开发性 PPP 项目具有经济性补强效果

第一，利用社会资本较好的专业能力，创新项目方案。开发性 PPP 项目涉及不同领域，涵盖不同专业。由政府主导项目识别、准备阶段工作，对政府相关工作人员专业能力要求非常高。由社会资本发起项目，

政府则可利用社会资本对项目的操作经验、专业能力等，进行项目全生命周期的考虑，深入考虑项目开展中可能遇到的问题、困难，对项目方案进行研究设计，创新项目方案。

第二，利用社会资本对市场、行业的了解，降低项目全生命周期成本。社会资本提交的项目建议书，内容上包含财务测算。可利用社会资本对项目行业市场行情、运维成本、经营收益的了解，对项目做出契合市场水准的财务测算，同时政府对测算依据、基础数据、测算逻辑等进行审核，降低项目全生命周期的成本，从而优化项目方案内容。

第三，基于社会资本的盈利需求，优化项目经营性内容。基于社会资本盈利需求及市场开拓能力，鼓励社会资本发起项目，由其对项目经营性内容进行充分挖掘，充分利用项目资源，并进行整合，增加经营性收益来源，减少政府在项目中的支出责任。

（二）鼓励社会资本发起开发性 PPP 项目的程序优化

现行政策规定 PPP 项目可由政府或社会资本发起。《关于印发政府和社会资本合作模式操作指南（试行）的通知》（财金〔2014〕113 号）第六条规定，政府和社会资本合作项目由政府或社会资本发起。《政府和社会资本合作项目财政管理暂行办法》（财金〔2016〕92 号）第四条对政府、社会资本发起 PPP 项目的具体操作方式做出了明确。

但是，实践中几乎都是由政府发起 PPP 项目并主导项目识别、准备阶段的决策和推进流程。政府发起的方式，在一定程度上，能实现前期工作效率、让政府诉求在方案中得到较好的体现，但未充分利用社会资本专业优势，进行 PPP 项目的创新优化。对于社会资本发起开发性 PPP 项目的程序，笔者提出以下优化建议：

第一，由欲发起项目的潜在社会资本编制项目建议书。项目建议书结构和内容应参照财政部规定的项目实施方案结构进行编制，主要内容应包括：项目技术方案，运作方式、交易结构，项目全生命周期的成本、财务测算等内容。

第二，政府相关部门对项目建议书进行审核。社会资本方将项目建议书递交政府行业主管部门或财政部门，由行业主管部门审核项目建议书的技术可行性和整体结论是否合理。如合理，由财政部门组织进行物有所值评价和财政承受能力论证。

第三，编制项目实施方案。项目建议书通过相关部门的审核后，由实施机构整合项目建议书内容，编制 PPP 项目实施方案，开展 PPP 项目后续工作。

三、充分发挥开发性 PPP 项目中市场测试的作用

市场测试对 PPP 项目采购、项目建设运营质量起着预先判断的作用。通过市场测试，政府可获得社会资本、金融机构等市场主体对融资条件、方案设计、运营成本、回报等信息的反馈，有利于政府广泛地获得市场普遍意见，获得行业反馈信息，并对实施方案做出适当调整和优化，完善项目方案设计和条件，使之更加契合市场需求。

同时，市场测试有助于更好地实现项目物有所值。提前就政府和社会资本合作的投资回报、风险分担等关键条件与市场主体进行了解，接受市场反馈，有助于完善回报模式，提升财政资金在项目中的使用效率，有利于项目的整体采购、落地、运营等风险管理，更好的实现物有所值，增强项目供给效率与质量。

当前，市场测试有流于形式和表面化的趋势，开展质量也是参差不齐。在此，笔者就 PPP 项目市场测试提出如下建议：

（一）充分做好市场测试准备工作

明确项目开展市场测试的目标，以结果为导向，有针对性、有重点

地进行市场测试准备工作：首先，根据项目情况，确定参加市场测试的单位名单。市场测试的对象，通常为项目相关行业，具备相关专业能力的社会资本，以及与项目融资相关的金融机构。其次，合理设置市场测试文件。市场测试文件应在确保测试内容全面的前提下，突出行业特点、区域特征、项目实际需求、项目自身特点等，同时把握好信息披露的深度，不可将此阶段应保密的信息披露给市场。

（二）有重点地开展市场测试工作，提高质量

灵活采用市场测试的方式，如采用面谈、邮件、电话、网络信息平台等方式进行测试，对重点问题、重点对象可采用面对面、一对一的方式进行反馈意见的重点测试。

（三）合理、适当地采纳市场意见，优化方案，进一步补强方案内容

对于市场测试反馈出的行业共性问题、普遍问题，政府可重点进行相应思考或论证，进行方案的优化和完善；对于有根据、较合理的意见，可选择性地吸收，完善方案。

总的来讲，在准备阶段应重视项目市场测试，充分听取市场主体的反馈意见，发挥市场测试反馈的真正价值，将市场测试结果作为完善、补强方案，以及政府相关决策的参考依据，通过市场测试发挥市场机制的作用。

第二节　完善 PPP 管理政策，推动开发性 PPP 落地

在 PPP 项目开始准备过程中，必须开展项目的财政承受能力论证

工作。通过对地方财政承受能力进行评价论证，可以确保地方财政处于良性和可持续状态，有效遏制地方低效率的投资冲动，控制地方政府债务风险。

现有 PPP 项目的财政承受能力论证框架主要来源于《中华人民共和国预算法》（2014 年修订）以及财政部发布的《政府和社会资本合作模式操作指南》（财金〔2014〕113 号）、《政府和社会资本合作项目财政承受能力论证指引》（财金〔2015〕21 号）等文件。财政承受能力论证是指识别、测算项目的各项财政支出责任，科学评估项目实施对当前及今后年度财政支出的影响，为 PPP 项目财政管理提供依据。

通过财政承受能力论证的 PPP 项目，各级财政部门应当将项目财政支出责任纳入预算统筹安排。开发性 PPP 项目所需的政府补贴与财政承受能力论证和预算管理密切相关。

因此，笔者希望结合预算管理分析现有财政承受能力框架对开发性 PPP 项目的束缚并尝试提出优化建议。

一、以区域财政自平衡的视角来评估开发性 PPP 项目的财政承受能力

在评估项目可行性时，从区域财政可持续性角度，要对项目进行社会收益－成本分析。如果预期该项目带来直接效益（项目内盈利）和社会外部效益之和能够覆盖项目直接成本和社会外部成本之和，项目就是值得投资的，并且财政也是可持续的。

对于传统的单体基础设施 PPP 项目而言，如果项目能够直接对最终用户收费，并且能够覆盖投资成本（暂时忽略社会成本收益），即通常所说的使用者付费项目，则该项目不会对财政承受能力带来压力。如果该项目不能直接从最终用户收费，那么只能评价该项目的社会收益是

否能够覆盖项目投资成本和社会成本之和，如果评价能够覆盖，项目就是可行的。该项目的社会收益由政府通过税费进行收取，并通过财政系统对项目进行支付，即政府付费项目。

开发性 PPP 项目区别于传统单体 PPP 项目最大的不同在于，开发性 PPP 项目是城镇化与产业发展相融合，以产业发展服务为核心。城镇化基础设施项目的社会外部收益不易计量和评价，但产业开发和产业发展带来的税收却是可以直接计量的。另外，开发性 PPP 项目的投资一般都比较大（产业新城项目平均投资规模达到 143 亿元），对于区域内现有财政压力较大，但它对区域内未来的财政收入贡献却有可能是“跨越式”的。尤其是新城开发，过去的城镇化和产业发展基础薄弱，但经过城镇建设和产业开发，区域内财政将会实现“跨越式”增长。

因此，建议对开发性 PPP 项目，尤其是产业新城项目，在考虑财政承受能力论证时，可把项目合作区域内的新增财政收入地方留成部分一定比例从项目财政支出责任中扣除。

此外，为了进一步防范开发性 PPP 项目的财政风险，可把产业发展相关风险由社会资本承担，如果区域内产业发展不达标导致的新增财政收入地方留成不足部分，政府不增加相应的财政支出责任。

二、适应开发性 PPP 项目特点，因地制宜确定政府性基金用于 PPP 项目的最高比例限制①

开发性 PPP 提供以产业开发为核心的基础设施和城市运营综合开发

① 2019 年 3 月，财政部印发《关于推进政府和社会资本合作规范发展的意见（财金〔2019〕10 号）》。该文明确“新签约项目不得从政府性基金预算、国有资本经营预算安排 PPP 项目运营补贴支出”，但并不包括股权投资支出、建设补贴支出。

服务，产业开发的目的是带来良好的经济和社会效益，其中以国有土地出让收入为主的政府性基金收入是地方政府进行财政补贴的重要来源。

要适应开发性 PPP 项目特点，因地制宜确定政府性基金用于 PPP 项目的最高比例限制，在开发性 PPP 模式下，项目公司作为投资运营主体，提供完整公共产品，对比开发性 PPP 模式的业务范围和土地出让金支出范围，二者的重合度非常高，社会资本几乎承担了所有土地出让金的成本性支出和城市建设支出任务，对于开发性 PPP，政府应将合作区域的土地出让金收入的绝大部分用于支持项目。

第三节　提高开发性 PPP 可融资性的金融支持

开发性 PPP 项目投融资规模较大。根据已落地的开发性 PPP 项目统计，开发性 PPP 项目平均项目投资规模为 77.2 亿元，远高于项目库已落地项目的平均投资额（15 亿元），产业新城 PPP 项目平均投资规模更是高达 142.6 亿元。

开发性 PPP 项目的合作期限一般较长。根据已落地的开发性 PPP 项目统计，开发性 PPP 项目平均合作期限为 20.2 年。其中，产业新城 PPP 项目平均合作期限为 24.7 年，园区类开发性 PPP 项目平均合作期限为 17 年，特色小镇开发性 PPP 项目平均合作期限为 20.6 年，全域旅游开发性 PPP 项目平均合作期限为 18.7 年。

一、加强政策性银行参与开发性 PPP 项目的政策支持

（一）政策性银行参与 PPP 项目融资的方式

政策性银行参与 PPP 项目主要通过两种途径：专项建设基金和政

策性银行贷款。其中专项建设基金主要用于股权融资，政策性银行贷款主要解决项目债权融资问题。

1. 专项建设基金。

专项建设基金具体是通过国家开发银行和中国农业发展银行两家政策性银行向中国邮政储蓄银行定向发行专项金融债，所筹资金用于建立国开发展基金和中国农业发展建设基金以支持重大项目建设。专项建设基金进行股权投资的方式有两种：一是由政策性银行向地方政府发放低息贷款，地方政府再以资本金形式注入项目；二是专项建设基金直接投资入股项目公司，作为项目公司的股东投入项目资本金。

2. 政策性银行贷款。

政策性银行贷款，顾名思义是直接由政策性银行向 PPP 项目进行贷款，主要用于筹集项目融资资金。

（二）加强政策性银行参与开发性 PPP 项目的政策支持措施

目前政策性银行对 PPP 项目参与较少，未充分发挥政策性银行的资金优势，建议加强政策性银行参与开发性 PPP 项目的政策支持，具体可采用以下措施：

1. 制定和完善政策性金融法规，适应 PPP 项目的发展。

目前，有关政策性银行的金融法规尚不完善，使得政策性银行业务操作无所适从，难以满足 PPP 项目的发展要求。建议制定和完善政策性金融有关法规，发挥法律的规范和保护作用。

2. 放宽政策性银行投资方式，进行“真股权投资”。

此前，政策性银行通过专项建设基金投资入股 PPP 项目公司进行股权投资的方式，通常会与社会资本方签署回购协议并约定固定回报，其实质上构成了“明股实债”。在当前规范新政下，财办金〔2017〕92号文严禁以债务性资金充当项目资本金或由第三方代持社会资本方股份；财金〔2018〕23 号文要求金融企业加强资本金的穿透审查，“明股实债”模式被全面禁止。为有效发挥专项建设基金对 PPP 项目的撬动作用，建议放宽政策性银行的投资方式，进行“真股权投资”。

3. 简化政策性银行贷款流程，提高贷款效率。

政策性银行资金具有成本低、期限长等优势，能够较好的匹配开发性 PPP 项目规模大、期限长的特点。但政策性银行贷款申报要求严格，一般要求社会资本进行全额担保（央企、国企可做承诺性担保），如社会资本方不能提供担保的则需要有价值相当于融资金额 60% ~70% 的抵押物或第三方担保，并且倾向于教育、医疗、污水处理、自来水等可进行收益权质押的项目，难以广泛运用于 PPP 项目。因此，建议放宽政策性银行对（准）公益性 PPP 项目融资担保范围和审批条件的扶持政策，简化 PPP 项目贷款审批流程，提高贷款效率。

二、提高商业银行参与开发性 PPP 项目的积极性

（一）商业银行参与 PPP 项目融资的方式

根据《中华人民共和国商业银行法》，除国家另有规定外，商业银行在我国境内不得向非银行金融机构和企业投资，意味着商业银行无法直接进行“真股权投资”。因此商业银行参与 PPP 项目主要通过贷款方式进行债权融资。PPP 项目商业银行贷款多采用项目贷款方式，其具有有限追索，可实现风险隔离、表外融资等优势。

（二）提高商业银行参与开发性 PPP 项目的积极性的措施

商业银行贷款在 PPP 项目债权融资中运用最为广泛，但监管也最为严格。当前受风险收益不对等，政策不稳定等因素影响，商业银行贷款未能适应 PPP 项目的融资需要。为此，笔者建议：

1. 保持政策的稳定性。

PPP 的出现，一度引起了银行机构的极大兴趣，但是当前频出的政策和 PPP 市场本身的一些乱象，使得商业银行望而却步，财办金〔2017〕92 号文和国资发财管〔2017〕192 号文出台后，多家商业银行暂停 PPP 项目贷款审批。建议主管部门在制定政策时，注意保持政策的稳定性，避免造成市场波动。

2. 规范全国 PPP 综合信息平台项目库管理。

多数商业银行在进行 PPP 项目贷款审批时，将项目进入全国 PPP 综合信息平台项目管理库执行阶段作为一个硬性要求。全国 PPP 综合信息平台项目库主要由各省级财政部门负责管理，各地并未形成统一的入库标准，在入库难易程度上存在较大差异，不利于各地均衡发展。建议财政部出台统一的入库审核细则，指导各地省级财政部门进行入库审核。此外，目前全国 PPP 综合信息平台项目库实行动态管理，已入库项目也存在退库的可能，使得 PPP 项目入库存在较大的不确定性，影响了商业银行参与 PPP 项目的积极性。建议加强 PPP 项目入库审核及过程管理，降低 PPP 项目退库的风险。

3. 完善项目收益权质押登记。

由于相关法律法规的缺失，项目收益权出质在实践中存在权利难以转让、登记机关不明等问题，使得许多商业银行在进行 PPP 项目贷款审查时要求外部增信。建议主管部门、金融机构、法院等一系列机构共同配合，完善相关制度，使 PPP 项目收益权质押尽快在法律上得到明确，在 PPP 项目的融资中发挥更大作用。

4. 加快构建市场化运作的融资担保体系。

目前许多商业银行在进行 PPP 项目贷款审查时要求项目公司股东担保或第三方担保。但为避免并表，央企一般不愿意提供实质性增信措施，并且国资发财管〔2017〕192 号文提出“项目债务融资需要增信的，原则上应由项目自身权益、资产或股权投资担保，确需股东担保的应由各方股东按照出资比例共同担保”。可见，股东担保存在困难。而第三方担保公司存在担保费率高，担保额度小等问题，无法满足 PPP 项目融资担保需要。因此，建议加快构建市场化运作的融资担保体系，鼓励政府出资的担保公司依法依规提供融资担保服务。

5. 提高商业银行的风险识别与分析、应对能力。

就中国商业银行而言，受传统授信思维模式影响，其对 PPP 项目贷款风控严格，准入要求高，注重授信主体的信用资质、综合实力，且通常要求外部增信。尤其是在当前政策频出的环境下，商业银行对 PPP 项目态度较为保守。其中有监管政策、信贷额度等客观原因，也有银行风险偏好下降、缺乏专业能力、考核激励机制不足等主观原因。针对银行惜贷的主观原因，建议银行通过激励约束机制提高自身风险识别与分析应对能力。

三、加大保险资金进入开发性 PPP 项目的引导力度

（一）保险资金进入 PPP 项目的方式

根据保监会 2017 年 5 月 4 日发布的《中国保监会关于保险资金投资政府和社会资本合作项目有关事项的通知》（保监发〔2017〕41 号），保险资金可通过委托保险资产管理公司、发起设立基础设施投资计划而投资于 PPP 项目，具体可采用股权、债权、股债结合方式。

1. 股权方式。

保险资金股权投资方式分为直接股权投资和“股权投资计划”。其中，保险资金直接股权投资即保险资管公司等机构，直接入股项目公司；“股权投资计划”是保险资金进行间接股权投资的金融工具，股权投资计划可以作为社会资本直接投资 PPP 项目，也通过投资私募基金

对 PPP 项目进行股权投资。

2. 债权方式。

保险资金主要通过“债权投资计划”对 PPP 项目进行债权投入。“债权投资计划”是指保险资产管理公司等专业管理机构作为受托人，面向委托人发行受益凭证，募集资金以债权方式投资基础设施项目，按照约定支付预期收益并兑付本金的金融产品。在债权投资计划成功设立后，资产管理公司以管理人名义将投资计划资金以债权形式对项目公司或社会资本投资。

3. 股债结合方式。

股债结合方式是以基金或者直接投资的方式投资于项目资本金，再通过股东借款的方式向项目公司进行债权投资。债权投资保证了资金一定的安全性，股权投资资金承担股东投资风险，并分享项目运营可能带来的超额收益。

（二）加大保险资金进入开发性 PPP 项目的措施

保险资金在期限、风险与收益偏好等方面与开发性 PPP 项目完美契合，但目前保险资金在 PPP 项目中的运用并不广泛，为提高保险资金对开发性 PPP 项目的融资支持，建议加大保险资金进入开发性 PPP 项目的引导力度。

1. 引导保险资金进行“真股权投资”。

目前保险资金对 PPP 项目直接进行“真股权投资”的情况较少，多数通过与地方政府或施工企业成立基金的形式投资于项目公司。在此情形下，通常有固定收益和承诺回购的安排，其实质构成“明股实债”，存在合规性障碍。为发挥保险资金对项目资本金的撬动作用，建议政策引导保险资金进行“真股权投资”，并完善保险资金的退出方式。

2. 放宽保险资金参与开发性 PPP 项目的条件。

保险资金通过投资计划投资的 PPP 项目，具有严格的条件限制，如要求承担项目建设或运营管理责任的主要社会资本方为行业龙头企业，主体信用评级不低于 AA +，最近两年在境内市场公开发行过债券；PPP 项目合同的签约政府方为地市级（含）以上政府或其授权的机构等。这些条件不利于民营企业参与，同时将区县级项目排除在外。为此，建议适当放松主体信用要求，并将签约主体扩大到信用良好、负债率较低的区县级政府。

四、探索开发性 PPP 项目专项债券发行路径

2017 年 5 月 4 日，国家发展改革委印发《政府和社会资本合作（PPP）项目专项债券发行指引》（发改办财金〔2017〕730 号），PPP 债券融资正式面世，为 PPP 项目提供了债务融资新模式。PPP 项目专项债发行主体为 PPP 项目公司或社会资本方，可以是依靠企业主体信用的企业债，也可以是基于项目未来产生的收入和现金流的项目收益债，能有效解决 PPP 项目融资增信主体缺失的问题。但受制于配套措施不完善等因素，现阶段 PPP 项目专项债并未大规模发行。鉴于此，笔者建议：

（一）逐步建立 PPP 专项债券的评级机制

结合发债项目所处的经济环境、政府信誉、企业实力等要素，建立相应平台公布 PPP 专项债的评级测算系统，并加强信息披露，保证项目运行的规范性和透明性，同时通过市场的方式筛选优质的专项债券，减小因信息不对称产生的发债难问题。

（二）建立相应的债券违约预案机制

为应对债券违约风险，可结合项目特点、企业实力、违约历史等，

建立相应的违约赔偿准备金，保障债权人的利益。同时可以建立问责机制，对于企业逃债、政府懒政等行为进行制度硬约束，明确项目运行过程中的相关责任人，以增强债券购买者的信心。

（三）结合 PPP 项目研究相应的税收减免政策

在现行公共产品和公共服务领域税收优惠政策的基础上，针对 PPP 项目给予更多的税收优惠和税收减免，缓解因 PPP 项目投资期限长、投资回报率低等客观问题对企业经营和债权人产生的风险。具体到 PPP 项目专项债，可研究对专项债利息收入进行减免税，降低 PPP 项目参与成本，间接提高 PPP 项目的投资收益率，提高企业和债券购买者参与 PPP 项目的积极性。

五、放宽开发性 PPP 项目开展资产证券化的基础条件

2016 年 12 月 26 日，发展改革委联合证监会发布《关于推进传统基础设施领域政府和社会资本合作（PPP）项目资产证券化相关工作的通知》（发改投资〔2016〕2698 号），PPP 项目资产证券化正式启动，为处于运营期的 PPP 项目融资指明了新方向。

PPP 项目开展资产证券化，可盘活存量资产、降低融资成本、丰富社会资本的退出方式。但 PPP 资产证券化尚无完善的法律保障和配套措施，且 PPP 项目开展资产证券化具有严格的限制，难以满足开发性 PPP 项目建设期内的融资需求。为此，笔者建议：

（一）构建完整的 PPP 项目资产证券化政策体系

当前 PPP 相关政策明确鼓励 PPP 项目通过资产证券化拓宽融资渠道，但始终没有完善的法律保障，许多问题还没有明确。建议推动制定

专门、统一的 PPP 项目资产证券化政策文件，对阻碍 PPP 资产证券化发展的问题进行合理调整，确立统一的发行、上市和交易规则，为 PPP 项目资产证券化业务的发展提供规范、合理的法律框架。

（二）完善相关配套措施

PPP 资产证券化作为新生事物，其配套措施尚不完善，建议主管部门协同证监会推动完善相关配套措施。如对经营权转让、真实出售、破产隔离等各个环节的相关问题加以明确，为 PPP 项目开展资产证券化扫清障碍，积极推动 PPP 项目资产证券化发展。

（三）放宽或取消 PPP 项目开展资产证券化对运营期的要求

PPP 项目开展资产证券化具有严格的限制，要求项目已正常运营 2 年以上，并已产生持续、稳定的现金流，现阶段能够满足条件的 PPP 项目较为有限。建议随着 PPP 项目资产证券化的不断完善，逐步放宽或取消开展资产证券化对项目正常运营 2 年的要求。

（四）项目滚动开发，分期开展资产证券化

开发性 PPP 项目通常规模较大，开发时序较长，且涉及子项目众多。因此，可对开发性 PPP 项目进行滚动开发，分批建设并交付运营，将首批通过资产证券化筹集的资金用于下一批项目建设。

第四节　扶持和培育合格的产业型社会资本

目前，符合开发性 PPP 运作模式的合格社会资本不足。长期以来，大量社会资本存在“重建设、轻运营”的问题，对于基础设施运营的

经验不足。对于开发性 PPP 项目来说，同时拥有城镇综合开发和产业发展服务经验和实力的社会资本供应商更是少之又少。很多传统建设类社会资本企业看重短期的建设施工利润，而不重视长期的产业运营和产业服务。

一、合格的产业型社会资本应具备的条件

选择合格的社会资本是 PPP 模式的重要环节。根据 PPP 的实质内涵，社会资本应承担项目的管理责任和显著风险，而因开发性 PPP 本身复杂性和综合性，对社会资本提出了更高的条件和要求。产业服务和运营是开发性 PPP 模式最核心的特点。

（一）具备城镇和产业综合开发的业绩经验和良好的资信条件

由于开发性 PPP 项目兼具城镇化基础设施、城市运营和产业服务，对社会资本企业提出了较高的要求，因此，社会资本应具备良好的业绩经验，过往具有基础设施建设、城市运营和产业服务的业绩；在产业化服务城市运营业绩中，应对当地居民利益带来显著的提升，包括创造就业机会、改善人居环境，给居民带来幸福感；社会资本在以往城镇运营、产业服务中的投资、运营效率和社会绩效获得当地政府和居民的一致好评。

承担开发性 PPP 项目运营的社会资本必须具备融合城镇建设和生产要素的综合实力，具备较强的产业孵化、产业导入、产业培育和产业服务能力，具备较好的社会责任感。

（二）具备强大的人力和资金实力，能够承担显著的综合开发风险

社会资本应该对区域城市化、产业创新发展趋势有足够的前瞻性研究，具备专业的城市规划和产业发展研究专家团队，有足够的人力资本

承担各项城市产业开发运营任务。

承担开发性 PPP 项目运营的社会资本必须具有较强的资信，企业具有充足的资本金，具有较强的投融资能力，能够给予 PPP 项目阶段性的流动性支持（如提供过桥融资）或增信，以降低项目运作风险。

（三）具有良好的信誉和社会责任感

开发性 PPP 模式的本质是“以人为本”的，所有开发内容最终都是为人服务的，项目建设运营内容具有很强的公共性。这就要求社会资本以市场化方式操作项目的同时，应保障社会整体利益，尤其是农民和普通居民的基本利益。

二、扶持和培育产业型社会资本的措施

（一）国家政策支持

1. 税收减免。

财政部、国家税务总局关于执行公共基础设施项目企业所得税优惠目录有关问题的通知（财税〔2008〕46 号）指出：企业从事《公共基础设施项目企业所得税优惠目录》内符合相关条件和技术标准及国家投资管理相关规定，于 2008 年 1 月 1 日后经批准的公共基础设施项目，其投资经营的所得，自该项目取得第一笔生产经营收入所属纳税年度起，第一年至第三年免征企业所得税，第四年至第六年减半征收企业所得税。《关于全面推开营业税改征增值税试点的通知》（财税〔2016〕36 号）规定，对符合条件的养老、教育、医疗等公共服务收入免征增值税，《关于科技企业孵化器关于税收政策的通知》（财税〔2016〕89 号），对科技企业孵化器（含众创空间）向孵化企业出租场地、房屋以及提供孵化服务的收入，免征增值税。建议将企业所得税关于公共基础

设施、节能环保相关税收优惠政策和增值税优惠政策范围扩大至 PPP 模式适用的有关领域，并将开发性 PPP 涉及的服务类型，特别产业发展服务纳入优惠范围。

2. 金融支持。

对综合性社会资本的金融支持可参见本章第三节："提高开发性 PPP 可融资性的金融支持"。

（二）地方政策支持

对于地方政府来说，往往采用政策奖励的模式，对于综合性社会资本可进行一定的财政政策支持。

1. 财政返还奖励。

有园区运营商与地方政府达成财政返还奖励：政府与企业利用自身资源优势，联合招商，项目初期按照财政增量的一定比例予以返还奖励，渠道来源方获得较高收益，待项目发展成熟，返还奖励比例按一定原则进行调整。

2. 建立专项补助资金或奖励资金。

（1）对产业企业的扶持。湖南省衡阳市出台的《衡阳市促进招商引资工作若干措施（试行）》（衡办〔2017〕47 号）中，对总部企业开发建设大型商务楼宇并引进其他企业入驻，符合一定条件下进行奖励。

四川省成都市双流区出台的《双流区加快成都临空经济示范区建设支持实体经济发展的若干意见》（双委发〔2017〕15 号）"第七条鼓励引荐招商"中，对成功引荐项目（实缴注册资本达 1 000 万元）的中介人或中介机构，按照所引荐项目前三年每年对区级实际贡献的 3%，给予中介人或中介机构累计不超过 300 万元奖励。

（2）对特色小镇社会资本的扶持。2016 年陕西省出台的《进一步推进全省重点示范镇文化旅游名镇（街区）建设的通知》中指出，从

2016年到2020年，省财政给予每个省级重点示范镇每年1 000万元专项资金支持，每个省级文化旅游名镇每年500万元专项资金支持。

甘肃省政府办公厅印发《关于推进特色小镇建设的指导意见》指出：省级财政要采取整合部门资金的办法对特色小镇建设给予支持，同时采取“以奖代补”的方式，对按期完成任务、通过考评验收的特色小镇给予一定的奖补资金。特色小镇所在县级政府要将特色小镇建设用地的租赁收入以及小城镇基础设施配套费等资金，专项用于特色小镇基础设施建设。各地要积极研究制订具体政策措施，整合优化资源，对特色小镇规划建设给予支持。

福建省政府《关于开展特色小镇规划建设的指导意见》指出，“加大资金扶持力度”对特色小镇给予债券和贴息支持，小镇范围内符合条件的项目，优先申报国家专项建设基金和相关专项资金，优先享受省级产业转型升级等相关专项资金补助或扶持政策，优先支持向政策性银行争取长期低息的融资贷款，给予特色小镇规划设计补助，支持特色小镇生活污水处理设施和生活垃圾处理收运设施建设。并给予“人才扶持”：借鉴中关村国家自主创新示范区和福建省自贸试验区做法，对特色小镇范围内的高端人才实行税收优惠和个税优惠政策，加大对高层次人才运营项目的担保支持。

总之，建议地方政府可参考现有政策，采取联合招商财政奖励协议，设立招商引资专项奖励资金，建立专项补助资金/扶持资金/产业补助资金等方式扶持和培育合格的综合性社会资本。

参考文献

一、英文部分

1. Adams C, Ferrarini B, Park D, "Fiscal Sustainability in Developing Asia",《Adb Economis Working Paper》, 2010, 205 (205).

2. BUITER W H, MINFORD P. A Guide to Public Sector Debt and Deficits [J]. Economic Policy, 1985, 1 (4): 3 –6.

3. BLANCHARD O J. Suggestions for a new set of fiscal indicators [R]. Organization for Economic Cooperation and Devel – opment Working Paper, No. 79 (April), 1990.

4. CHARLES WYPLOSZ. Debt Sustainability Assessment: The IMF Approach and Alternatives [R]. HEI Working Paper, 2007, 03.

5. GREINER A, KAUERMANN G. Sustainability of US public debt: Estimating smoothing spline regressions [J]. EconomicModelling, 2007, 24 (2): 350 –364.

6. Huanming Wang, Wei Xiong, Guangdong Wu & Dajian Zhu. Public – private partnership in Public Administration discipline: a literature review. Public Management Review, 2018, 20 (2): 293 –316.

7. Moraga, J. F. H., and J. P. Vidal, "Fiscal Sustainability and Public Debt in an Endogenous Growth Model", Journal of Pension Economics and Finance, 2010, 9 (2): 277 –302.

8. Julian Teicher et al, "Sharing Concerns: Country Case Studies in

Public – Private Partnerships", Cambridge Scholars Publishing, 2013.

9. E. Engel, R. Fischer, andA. Galetovic, "Least – present – value – of – revenue Auctions and Highway Franchising," Journal of Political Economy, 109, 993 – 1020, 2001.

10. Yoon – jung Kim, Mack Joong Choi, Cities. Contracting – out public – private partnerships in mega – scale developments: The case of New Songdo City in Korea.

11. Darrin Grimsey, Mervyn K. Lewis, 2005, Are Public Private Partnerships value for money? Evaluating alternative approaches and comparing academic and practitioner views, Accounting Forum, No. 29, pp. 345 – 378.

12. Glendinning, R. (1988) "The Concept of Value for Money", International Journal of Public Sector Management, Vol. 1 Iss: 1, pp. 42 – 50.

13. D. Grimsey, M. K. Lewis, 2004, Public private partnerships: The worldwide revolution in infrastructure provision and project finance, Cheltenham: Edward Elgar.

14. Saussier & Brux The Economics of Public – Private Partnerships: Theoretical and Empirical Developments, Springer International Publishing AG 2018.

15. Engel, Eduardo M. R. A.; Fischer, Ronald D.; Galetovic, Alexander, "The basic public finance of public – private partnerships" Working Paper, Center discussion paper//Economic Growth Center, No. 957.

16. Timothy C. Irwin, "Government Guarantees *Allocating and Valuing Risk in Privately Financed Infrastructure Projects*"《World Bank Publications》2007.

17. Elisabetta Iossa, Giancarlo Spagnolo, Mercedes Vellez, "Best _

Practices_on_Contract_Design_in_Public - Private partnerships", *Report prepared for the World Bank* 2007.

18. John Hall, "Private Opportunity, Public Benefit?", *Fiscal Studies* (1998) vol. 19, no. 2, pp. 121 - 140.

二、中文部分

1. 周黎安. 中国地方官员的晋升锦标赛模式研究 [J]. 经济研究, 2007 (07).

2. 唐洋军. 财政分权与地方政府融资平台的发展: 国外模式与中国之道 [J]. 上海金融, 2011 (3).

3. [美] 保罗·克鲁格曼著, 蔡荣译. 发展、地理学与经济理论, 北京大学出版社, 中国人民大学出版社, 2000.

4. 赵燕菁. 城市的制度原型 [J]. 城市规划, 2009 (10).

5. 杨志勇. 分税制改革中的中央和地方事权划分研究 [J]. 经济社会体制比较, 2015 (2).

6. 刘尚希, 石英华, 武靖州. 公共风险视角下中央与地方财政事权划分研究 [J]. 改革, 2018 (08).

7. 刘尚希. 我国城镇化对财政体制的"五大挑战"及对策思路 [J]. 地方财政研究, 2012 (04).

8. 罗纳德·哈里·科斯/王宁: 变革中国. 中信出版社, 2013.

9. 王守清, 柯永建. 特许经营项目融资 (BOT, PFI 和 PPP). 清华大学出版社, 2008.

10. 赵晔. 改革开放以来中国 PPP 模式研究回顾与反思——基于期刊全文数据库实证分析 [J]. 地方财政研究, 2016 (08).

11. 陈元. 开发性金融与中国城市化发展 [J]. 经济研究, 2010, 45 (07).

12. 济邦咨询．园区开发 PPP 模式蓝皮书，经济日报出版社，2017.

13. 世界银行著．政府和社会资本合作（PPP）指南（第 3 版），中国电力出版社，2018.

14. 邓晓兰，陈宝东．经济新常态下财政可持续发展问题与对策——兼论财政供给侧改革的政策着力点，中央财经大学学报，2017（1）.

15. 爱德华多·恩格尔等．政府与社会资本合作模式经济学：基本指南，电子工业出版社，2016.

16. 世界银行著．政府和社会资本合作（PPP）指南（第 3 版），中国电力出版社，2018.

17. 刘尚希，赵福军，陈少强．政府和社会资本合作治理理论，经济研究参考，2017（49）.

18. 李强，陈宇琳，刘精明．中国城镇化“推进模式”研究，中国社会科学，2012（7）.

19. 中国指数研究院著．中国产业新城运营理论与实践，中国发展出版社，2018.

20. 刘新平，王守清．试论 PPP 项目的风险分配原则和框架，建筑经济，2006（2）.